Mary H. Jackson

Guide to Correspondence in Spanish

a practical guide
to social and commercial
correspondence

Guía de correspondencia española

Revised Edition

PASSPORT BOOKS
a division of *NTC Publishing Group*
Lincolnwood, Illinois USA

A
Dolores Martí de Cid
y
José Cid Pérez
más que amigos

1989 Printing

Published by National Textbook Company, a division of NTC Publishing Group.
© 1986 by NTC Publishing Group, 4255 West Touhy Avenue,
Lincolnwood (Chicago), Illinois 60646-1975 U.S.A.
Manufactured in the United States of America.

9 0 ML 9 8 7 6 5 4 3

INDICE

PREFACE

Guide to Correspondence in Spanish was written to meet an increasing demand for guidelines on how to write good letters in Spanish—personal as well as business.

As we expand our commercial and social activities in the Hispanic world, it becomes imperative to know and understand how best to correspond in Spanish. There are cultural differences in letter-writing etiquette that cannot be ignored. Native Spanish-speakers are proud of their customs and traditions and respond favorably to those who demonstrate an understanding and acceptance of their culture.

Guide to Correspondence in Spanish is a convenient handbook that gives detailed instruction on writing the most frequently used types of letters. The many model letters presented are clearly identified by category, so that no time is wasted in searching for examples.

In addition to the model letters, *Guide to Correspondence in Spanish* provides descriptions of the parts of a letter, explains the rules for Spanish capitalization and punctuation, and presents the phrases, expressions, and abbreviations most commonly used in both commercial and social correspondence. Numerous exercises, sectional vocabularies, end vocabularies (Spanish-English and English-Spanish), and a glossary of commercial terms provide users with significant learning aids. Words in the sectional vocabularies are defined in Spanish to promote the user's immersion in the Spanish language.

The forms and structures used in writing letters, as well as certain words and expressions, change with the evolution of the language. What was considered correct and proper a generation ago does not necessarily reflect current usage. While *Guide to Correspondence in Spanish* does not ignore older forms, it stresses modern usage. This emphasis on contemporary correspondence is designed to facilitate and enhance written communication with the Hispanic world of today.

M. H. J.

Observaciones sobre la correspondencia española

Cualquier carta, sea comercial o social, deberá escribirse con el mayor esmero. Una carta mal escrita habla poco en favor del que la suscribe. Deberá ser clara, es decir, tener claridad de ideas y claridad de lenguaje, evitando frases ambiguas e inútiles.

Otra cualidad importante y obligatoria es la cortesía. El estilo que al norteamericano le parece floridísimo, al español le parece solamente cortés.

También de gran importancia es la ortografía correcta. Aun un solo error ortográfico en una carta hace una impresión desfavorable. Del mismo modo, un error gramático no habla en favor de la persona que escribe la carta.

Además, el redactor debe tener en cuenta la importancia de saber bien las formas correctas de los números, las divisiones de palabras, y el uso de los signos de puntuación y de las mayúsculas y minúsculas.

La carta: reglas de redacción

Partes principales de la carta

La carta consta de seis partes principales: *fecha, dirección, saludo, texto* o *cuerpo, despedida, firma.*

1. **La fecha.** Por lo general, la fecha se sitúa en la parte superior derecha del membrete o de la hoja de papel. Hay varias maneras de expresarla:

> *5 de junio de 19___; el 5 de junio de 19___;*
> *Junio 5 de 19___; Junio 5, 19___.*

El nombre del mes se escribe con letra minúscula a menos que preceda el día. Generalmente, no se abrevia aunque a veces se abrevian septiembre (*sept.*), octubre (*oct.*), noviembre (*nov.*) y diciembre (*dic.*).

La localización de la fecha dependerá del largo y del estilo de la carta. Los dos sitios más comunes son en el centro de la hoja, de dos a cuatro espacios debajo del membrete, o a la derecha, terminando en el margen.

2. **La dirección.** Consta del nombre completo del individuo o de la empresa a quien va dirigida la carta, la calle y el número, la ciudad, el estado o provincia, y el país (si se envía al extranjero). El número de la casa o del edificio sigue al nombre de la calle.

La dirección se coloca a no menos de cuatro o no más de ocho espacios verticales de la fecha.

Si la dirección del remitente no aparece en el membrete, se escribe sobre la fecha (el estilo más moderno) o al final de la carta junto al margen izquierdo.

> *Avenida José Martí, 23*
> *Caracas, 11, Venezuela*
> *21 de junio de 19___*

> *Avenida José Martí, 23*
> *Caracas, 11, Venezuela*

Se debe abreviar los títulos *Dr., Sr., Srta., Sra., Lic., Ing.,* etc. Pero cuando la palabra *señor* antecede al cargo y no al nombre, se puede escribirla completa.

Señor Administrador
Hotel Palacio
Santander 35001, España

El sobre dirigido a marido y mujer debe escribirse *Sr. Antonio Pérez y Sra.* o *Sres. Pérez-Daple,* siempre que este último fuera el apellido de la mujer.

3. **El saludo.** Es la frase con que se empieza la carta; se cierra con dos puntos. Las formas de uso general son:

De una compañía a otra compañía:
Muy señores nuestros:
Estimados señores:

De una persona a una compañía:
Muy señores míos:
Estimados señores:

De una persona o compañía a otra persona (carta comercial):

Muy señor mío:	Sr. Secretario:
Distinguido señor:	Señora Administradora:
Muy distinguido señor:	Sr. Ingeniero García:
Estimado señor:	Distinguida Srta. López:
Muy estimado señor:	Distinguida señorita:
Muy apreciable señor:	Muy estimada Srta. López:
Sr. Director:	Muy estimada señora:

De nuestra mayor consideración: (Esta expresión se usa en todo el mundo hispánico y es algo más que *Dear Mr. Wilson* o *Dear Miss Wilson.* Significa que uno está poniéndole atención al motivo de que se trata.)

El saludo más corriente que se emplea en cartas entre amigos es *Querido (-a)* o, en caso de amigos íntimos, *Queridísimo (-a):*

Querida María:	Queridos:
Querido Felipe:	Queridos Felipe y María:
Querido amigo:	Queridísma María:
Querida amiga:	Queridísmo Felipe:

En cuanto al tratamiento que corresponde al Jefe del Estado, Ministros, Embajadores, Gobernadores, Alcaldes y otros que representan cargos oficiales, se emplea *Excelentísimo señor:* o *Excelencia:,* o en algunos países se usa *Sr. Presidente:, Sr. Secretario:, Honorable Señor:,* etc.

Otros tratamientos son:
Orden eclesiástico:
   Su Santidad (Santo Padre)
   Eminentísimo y Reverendísimo (Cardenal)
   Excelentísimo Reverendísimo (Arzobispo u Obispo)

Ilustrísimo y Reverendísimo (Vicario general de la Diócesis)
Muy Ilustre (Cabildos catedralicios, Canónigos y Prelados)

Orden Nobiliario:
Su Majestad (Rey)
Su Alteza (Prńcipe o Princesa)
Excelentísimo Señor (Grande de España)
Ilustrísimo Señor (otros títulos)

Orden Militar y en la Marina:
Sr. General	Sr. Comandante
Sr. Coronel	Sr. Almirante
Sr. Teniente Coronel	Sr. Capitán

Una carta que se remite indistintamente a varias personas se encabeza con el saludo: *A quien corresponda:* o *A quien pueda interesar:.*

4. **El texto o cuerpo.** Es la parte principal de la carta. Hay que formularlo de manera que se consignan los resultados deseados. Como ya se ha mencionado, la carta bien redactada debe ser clarísima y cortés.

Al finalizar el renglón de la escritura, no se debe:

a. separar el nombre del día y el número correspondiente, a menos que sea seguido del nombre del mes.

el martes 9   *(***no:** el martes
                        9)

el martes	*el día 9*	*el día*	
9 de abril	*de abril*	*9 de abril*	*correcto*

b. separar el número de la página de la palabra "página."

página 10   **(no:** página
                        10)

c. separar la palabra *número* o la abreviatura *Núm.* del número que lo sigue.

la factura Núm. 3824   **(no:** la factura Núm.
                                   3824)

d. separar las abreviaturas *A. M.* y *P. M.* de la hora correspondiente.

el martes a las 2:00 P. M.   **(no:** el martes a las 2:00
                                         P. M.)

(Las abreviaturas *A. M.* y *P. M.* se pueden escribir en mayúsculas o minúsculas. Si se escriben en minúsculas, no hay espacio entre las letras; si en mayúsculas, hay un espacio entre las letras.)

e. dividir un apellido.

Juan Valdovinos　　(**no:**　Juan Valdo-
　　　　　　　　　　　　　　　vinos)

5. **La despedida.** Es una frase cortés con que se termina la carta y cambiará según la clase de carta. Debe estar de acuerdo con el estilo y con el sentido de la carta. Se escribe a dos espacios debajo del texto o cuerpo de la carta. No debe extenderse más allá del margen derecho.

6. **La firma.** Consta del nombre, o iniciales, y apellido de la persona que escribe la carta. Si es de una compañía, a veces se pone la razón social (la antefirma) y debajo de ésta la firma del oficial que expide la carta (el firmante). La firma mecanografiada de esta persona y su título se colocan debajo de su firma.

LA UNIVERSIDAD CENTRAL

Ricardo Miguel Oliva
Rector

Si se usa papel con membrete, se puede omitir la antefirma.

Al final de la carta, en el margen izquierdo, se escriben con mayúsculas las iniciales del remitente (el firmante) y, con letras minúsculas, las del mecanógrafo: *RMO:fge*

Nota: En el texto de la carta, no se debe emplear la conjunción *que* delante del subjuntivo que dependa de los verbos *agradecer, esperar, pedir, rogar* y *suplicar:*

Suplico a Ud. me informe. . . (**no:** *que* me informe. . .)

VOCABULARIO

agradecer　*mostrar gratitud,*
　dar gracias
apellido (*m.*)　*nombre de*
　familia
cargo (*m.*)　*empleo*
conseguir　*obtener*
constar　*estar formado de*
　diferentes partes
empresa (*f.*)　*sociedad*
　comercial o industrial
expedir　*mandar, remitir*

mecanografiado (*adj.*)　*escrito*
　con máquina
membrete (*m.*)　*inscripción*
　puesta en el papel de
　escribir indicando el
　nombre y dirección de una
　persona o empresa
redactado (*adj.*)　*escrito*
remitente (*m.*)　*persona que*
　redacta la carta
renglón (*m.*)　*línea escrita*

Preguntas
1. ¿Por qué es importante redactar una carta con el mayor esmero?
2. ¿Cómo debe ser una carta?
3. ¿Cuál es una diferencia de estilo muy importante entre la correspondencia española y la de los Estados Unidos?
4. Además de la cortesía y de la claridad, ¿cuáles son otras cualidades de una carta bien escrita?
5. ¿De qué consta una carta?
6. ¿Cuáles son las diferentes maneras de expresar la fecha?
7. En la dirección, ¿dónde se coloca el número de la casa?
8. ¿Dónde se coloca la dirección?
9. Si la dirección del remitente no aparece en el membrete, ¿dónde se debe escribirla?
10. ¿Cómo se escribe un sobre dirigido a marido y mujer?
11. ¿Cuáles son los saludos de uso general para:
    a. una carta comercial dirigida a una compañía por otra compañía?
    b. una carta dirigida a otra persona desconocida?
    c. una carta dirigida a un amigo íntimo?
    d. una carta dirigida a un embajador?
    e. una carta dirigida a un obispo?
12. ¿Cuándo no se emplea la conjunción *que* delante del subjuntivo?
13. ¿Cuándo se puede separar el número del día y el número correspondiente?
14. ¿Cuál es la frase cortés que termina la carta?

Otras partes de la carta

1. **La línea de atención.** Es más corriente dirigir la carta a una persona específica.

Ing. Eduardo Reséndez
Empresas Españolas
Apartado Postal 4628
03417 Sevilla, España

Pero si se usa la línea de atención, se escribe a dos espacios debajo de la dirección y a dos líneas antes del saludo, empezando en el margen izquierdo. (No se usa la palabra *de* después de la palabra *atención.*)

Empresas Españolas
Apartado Postal 4628
03417 Sevilla, España

Atención: Ing. Eduardo Reséndez

Muy estimados señores:

El uso de la línea de atención no altera el saludo.

2. **Referencia o asunto.** Muchas veces una carta comercial lleva *Referencia* o *Asunto* colocado a la derecha de la dirección, en línea con el saludo o dos renglones después.

Ing. Roberto Díaz
Avenida San José, 43
00734 México, D. F.
México

Muy señor mío:

Ref.: Factura núm. 2147-B

3. **Anexo(s).** Si se incluyen documentos, se escribe la palabra *Incluso* o *Inclusos* o *Adjunto* o *Adjuntos* o *Anexo* o *Anexos* debajo de las iniciales del remitente y del mecanógrafo, junto al margen izquierdo. Si hay solamente un anexo, no es necesario escribir *1* después de *Anexo,* pero si la carta contiene más de un anexo, se indica por medio del número correspondiente: *Anexos 3.*

4. **P. D. (posdata).** Si algo se ha omitido en el texto de la carta, se agrega una línea o párrafo debajo de la firma, empezando junto al margen izquierdo y precedida por las iniciales *P. D.*

Cuando el remitente envía una copia de la carta a otra persona, la anotación *cc* se escribe a dos espacios debajo de las iniciales en el margen izquierdo o después de la última línea.

FVR: js   *FVR: js*
cc Sr. Juan Pérez   *Anexo*
                                       P. D._____

                                       cc Sr. Juan Pérez

VOCABULARIO

alterar   *cambiar*

asunto (*m.*)   *tema o materia de que se trata*

factura (*f.*)   *cuenta detallada de las mercancías compradas o vendidas*

Preguntas

1. ¿Dónde se escribe la línea de atención?

2. ¿Dónde se coloca las palabras *Referencia* o *Asunto* en una carta comercial?

3. ¿Cuáles son las palabras que indican que un documento (o más de uno) está incluído?

4. ¿A qué se refieren los adjuntos o anexos de una carta?

5. ¿Para qué se usa la posdata?

Los números

Las reglas más básicas para el uso correcto de los números incluyen:

1. No se debe comenzar una oración con cifras. Escríbala con letras.

   Diez estudiantes fueron al teatro.

2. Los números aislados hasta el cien y los números redondos del cien se escriben con letras.

   Hay cuarenta y seis.
   Recibimos doscientas cartas.

3. Cuando en la oración aparecen números mayores de cien que no son números redondos, se escriben con cifras.

   La biblioteca compró 725 libros.

4. Cuando hay dos números de diez o mayores de diez en una oración, se escriben con cifras.

   Había solo 10 o 12 monedas en la bolsa.

5. Cuando hay dos números menores de diez en una serie, se deben escribir con letras.

   Espero leer dos o tres libros durante las vacaciones.

6.   Los años que tiene una persona se escriben con letras a menos que se expresen también los meses y días, en cuyo caso se emplean los números.

> *Mi hermana tiene ocho años y mi hermano 3 años, 2 meses, y 20 días.*

7.   Para expresar los porcentajes, se usa las palabras *por ciento* en vez del signo %, a menos que sea una factura u otro documento comercial. La cantidad se debe escribir con letras hasta el diez y con números en adelante.

> *Concedieron un ocho y medio por ciento del descuento.*
>
> *Concedieron 15 por ciento de descuento.*

8.   Las cantidades de dinero se expresan con números excepto cuando la oración comienza con una cantidad.

> *Este libro cuesta $20.*
> *Veinte dólares es el precio de este libro.*

9.   Se expresan siempre con cifras:

    a.   los números de pedidos y de facturas

    b.   los números de las pólizas de seguro

    c.   los grados de temperatura

    d.   las dimensiones y unidades de peso

    e.   los decimales y los números mixtos

    f.   los números de las páginas

    g.   los números de teléfonos

    h.   los números de los edificios y de las casas.

VOCABULARIO

aislado *(adj.)*   *apartado, separado*
conceder   *dar*
descuento *(m.)*   *rebaja, disminución*

póliza *(f.)*   *contrato de seguros*
redondo *(adj.)*   *(número) expresado en unidades completas*

Ejercicios

Escriba la forma correcta (cifra o letra) del número en paréntesis.

1. Vendieron _____ libros. *(400)*

2. Vimos _____ o _____ pájaros. *(5 o 6)*

3. Espero leer ＿＿＿＿＿＿ o ＿＿＿＿＿＿ libros este verano.
   (*12 o 15*)

4. El descuento fue ＿＿＿＿＿＿ por ciento. (*15*)

5. Los jóvenes tenían ＿＿＿＿＿＿ o ＿＿＿＿＿＿ años.
   (*12 o 14*)

6. El margen de ganancia es solamente ＿＿＿＿＿＿ por ciento.
   (*2*)

7. ＿＿＿＿＿＿ días más y estaré con ustedes. (*5*)

8. Trabajé ＿＿＿＿＿＿ horas. (*12*)

9. Perdimos ＿＿＿＿＿＿ dólares. (*60*)

10. No recuerdo por cierto pero creo que me costó ＿＿＿＿＿＿
    o ＿＿＿＿＿＿.(*$20,00 o $25,00*)

11. ＿＿＿＿＿＿ por ciento es el descuento. (*20*)

12. El niño tiene ＿＿＿＿＿＿ años. (*5*)

13. Escribió ＿＿＿＿＿＿ cartas ayer. (*17*)

14. Había ＿＿＿＿＿＿ o ＿＿＿＿＿＿ estudiantes en la clase.
    (*30 o 35*)

15. Se puede leerlo en la página ＿＿＿＿＿＿ . (*100*)

División de palabras

En mecanografía, un conocimiento del silabeo ortográfico es muy importante para dividir correctamente las palabras.

En términos generales, las reglas del silabeo ortográfico son:

1. Una consonante entre dos vocales se agrupa con la segunda vocal: *ha-ba, co-sa, bru-to*.

2. En una combinación de dos consonantes, iguales o diferentes, la primera se une con la vocal anterior y la segunda con la vocal que sigue: *pun-to, mis-mo;* excepto que son inseparables las combinaciones *bl, cl, fl, gl, br, cr, dr, fr, gr, pr, tr: ha-bla, o-bra, co-pla*.

3. Tres consonantes juntas se separan de esta manera: las dos primeras forman una sílaba con la vocal precedente y la tercera con la vocal siguiente: *trans-pa-ren-te, obs-tá-cu-lo.*

4. Si dos de las vocales *a, e, o* están en combinación, forman sílabas diferentes: *cre-e, he-ro-e, to-a-lla.*

5. Dentro de una misma palabra, las vocales *i, u* combinadas entre sí o en combinación con otra vocal, forman diptongos. Un diptongo se considera una sola sílaba: *a-cei-te, vie-jo, cau-sa, fuer-te.* Pero cuando *i, u* están en combinación con otras vocales y llevan tilde, forman una sílaba distinta: *o-ír, dí-a, frí-o, cre-í-a.*

6. Un triptongo existe cuando hay una vocal fuerte precedida y seguida de una vocal débil. Se considera una sola sílaba y nunca debe dividirse. Las vocales fuertes son *a, e, o* y las vocales débiles son *i, u.* Un triptongo lleva acento escrito en la vocal fuerte.

> *a-bre-viáis*   *des-pre-ciéis*

Nota: En los compuestos la división de sílabas puede seguir la regla general o la separación de los dos elementos de la palabra.

> *ma-len-ten-di-do*   o   *mal-en-ten-di-do*
>
> *no-so-tros*   o   *nos-o-tros*

Las sílabas de una o de dos letras al principio de una palabra no deben terminar un renglón de la escritura:

> **oy**en   (**no:** *o*-yen)   **síla**-ba   (**no:** *sí*-laba)

También, una sílaba de una sola letra al final de una palabra no debe comenzar la siguiente línea.

> *de***seo**   (**no:** dese-*o*)

Si hay una sílaba de una sola letra en medio de la palabra, es mejor que ésta finalice el renglón en vez de comenzar el siguiente.

> *dese***a**-*mos*   (**no:** dese-*a*mos)

Al dividir una palabra que consta de una *h* precedida de consonante, esa *h* empieza el renglón siguiente y la consonante queda al final de la línea anterior.

> *des-ha-cer*   (**no:** de-sha-cer)
>
> *des-he-lar*   (**no:** de-she-lar)

No se debe separar el título abreviado del nombre que lo sigue.

> *Espero ver al Dr. Roberto Martínez*   (**no:** Espero ver al Dr.
>
> Roberto Martínez).

VOCABULARIO

compuesto *(adj.)* *formado por varias partes*	mecanografía *(f.)* *escritura con máquina de escribir*
distinto *(adj.)* *diferente*	silabeo *(m.)* *división de*
finalizar *terminar*	*palabras en sílabas*

Ejercicio

Divídase en silabeo ortográfico las siguientes palabras: consonante, vocal, diferente, separación, renglón, tendría, increíble, igual, hecho, lidiáis, ministerio, europeo, río, inútil, peinado, obstante, ocurrencia, novecientos, noroeste, mueble, multimillonario, aislado, limpiador, leyes, flaquear, leer, familiar, ennoblecimiento, dueña, deslealtad, desee, cuadrángulo, descuento, emplea, símbolo, causa, cuarenta, lección, despreciéis, escuela, ejemplo.

Las mayúsculas y minúsculas

Debemos tener en cuenta las siguientes reglas:

1.   Los nombres propios y los nombres de instituciones y de casas comerciales se escriben con letra inicial mayúscula pero los artículos o preposiciones que forman parte del nombre se escriben con minúscula.

Roberto Gutiérrez	*Empresas Nacionales*
Universidad Internacional	*Iglesia de los Santos*
Sor Juana de la Cruz	

2.   Los puntos cardinales se comienzan con letra mayúscula excepto cuando se·refieren a un sitio específico.

*Ella vive en la parte **norte** del estado.*

Ellos pasaron las vacaciones en el Norte. (Se refiere a Estados Unidos.)

3.   Los nombres geográficos compuestos de un sustantivo y un adjetivo se escriben generalmente con letras iniciales mayúsculas.

el Nuevo Mundo	*la Sierra Nevada*

pero

el río Ebro	*el lago Titicaca*

4. Los departamentos del gobierno se comienzan con mayúscula.

Departamento de Enseñanza
Ministerio de Finanzas (o *Hacienda*)

5. El pronombre *yo* siempre se escribe con letra minúscula excepto cuando empieza la oración.

6. Los nombres de revistas y periódicos deben escribirse con letra inicial mayúscula y subrayado:

España Hoy　　　　　*El Diario*

Pero no es incorrecto escribir solamente la primera palabra del nombre con letra inicial mayúscula:

La revista de la filología

7. La Real Academia opina que todos los nombres y adjetivos del título de un libro deben escribirse con letra mayúscula excepto cuando hay ocho o más palabras en el título. En este caso, recomienda que solamente la palabra inicial sea mayúscula.

Historia de la Conquista

Historia de la literatura española del Siglo de Oro

Hoy día es muy corriente escribir con letras mayúsculas todo el título de un libro o el nombre de una revista. En este caso, no se subraya.

8. Cuando la palabra *señor* se refiere a Dios, se escribe con letra inicial mayúscula.

9. Se escribe con minúscula la palabra *hijo* o *padre* cuando sigue un nombre:

Ricardo Pérez, hijo
Eduardo Carpena, padre

10. No se comienzan con mayúscula las estaciones del año, los nombres de los meses, ni los días de la semana dentro de una oración.

11. Se escriben los títulos de nobleza con letra inicial mayúscula cuando se usan como equivalentes de nombres propios.

Marqués de Granada　　　　　*Conde de Toledo*

pero

El marqués entró en la casa.　　*Un conde vivía allí.*

12. En EE.UU. usamos la letra mayúscula al referir al cargo que ocupa una persona:

I met President _____ *in the White House.*

Pero el español emplea la minúscula:

El presidente Barrera habló ayer.

13. Se escribe con letra inicial mayúscula toda referencia a Dios o a los días sagrados:

Dios   El Señor   Día de Navidad
Día de San Juan

14. Se escribe con letra inicial mayúscula las abreviaturas de los títulos profesionales pero no el títulos en sí:

Ing. Juan Ortega   *Dr. José Pérez*
El ingeniero Juan Ortega está aquí.
El doctor José Pérez hizo un viaje a México.

15. Referencias a los naturales de un país se escriben con letra minúscula:

Los norteamericanos llegaron ayer.
La chica ecuatoriana estudió en Francia.

VOCABULARIO

estación *(f.)* *cada una de las cuatro partes en que se divide el año*
natural *(m.)* *nativo*
nobleza *(f.)* *clase de individuos que poseen títulos que los distinguen de los demás ciudadanos*
opinar *formar opinión sobre una cosa*

real *(adj.)* *perteneciente al rey*
revista *(f.)* *publicación*
sagrado *(adj.)* *dedicado a Dios*
sitio *(m.)* *lugar*
subrayar *poner una raya o línea debajo de la palabra o de las palabras*

Observaciones sobre la puntuación

Es muy importante emplear correctamente los signos de puntuación para que la persona que recibe la carta comprenda bien lo que el remitente quiere decir.

El punto [.]

El punto se usa después de una oración completa y en las abreviaturas.

Agradeceré su mejor atención.

Sr.   *D. F.*
Ing.   *atto.*

Se usa también para separar números: *4.327.016*

La coma [,]

Se usa:

1. Para separar una frase explicativa.

   Eran las cinco de la tarde, la hora designada, y todavía no habían llegado.

   El hombre, me dijeron sus vecinos, salió ayer.

2. Antes y después del nombre de una persona o personas a quien o a quienes nos dirigimos.

   Es importante, Alicia, que responda.
   Roberto, no es posible hacerlo.

3. Para separar las partes de una enumeración.

   Compró dos vestidos, tres blusas, un par de guantes y dos pares de zapatos.

(Pero no se usa antes de las conjunciones *o* ni *y* cuando éstas unen las últimas dos palabras de la enumeración.)

4. Cuando hay una larga cláusula subordinada.

   Si él le dijera a ella que debiera regresar a su país, ella saldría.

5. Antes y después de las frases o palabras de transición como *sin embargo, por ejemplo, es decir, además, por consiguiente,* etc. Si

aparecen a principio de la oración, van seguidas por una coma.

Le escribiremos, sin embargo, al recibir la mercancía.

Por consiguiente, lamentamos no poder despachar el pedido.

6. Para expresar el punto decimal.

   5,25

7. Antes de la conjunción *pero* o *mas.*

   Es importante avisarle, pero no sé dónde está.

8. Después de *sí* y *no,* al contestar preguntas.

   Sí, salieron.

9. Cuando se expresa el apellido antes del nombre.

   García Navarro, Juan

El punto y coma [;]

1. Se usa para señalar una pausa más larga que indica la coma.

   No se puede enviar el paquete hoy; pero mañana, por cierto.

2. Se usa cuando dos oraciones largas van unidas por una conjunción o por una frase de transición.

   Nos dijo que hacía un mes que solicitó la posición; o no recibimos su carta o la traspapelamos.

3. Se usa en un listado con apellidos y nombres transpuestos.

   Los estudiantes graduados fueron: García, Juan; Carpena, María y López; Martínez, Roberto.

Los dos puntos [:]

Los dos puntos significan una pausa larga y sirven para aclarar o completar lo que se ha escrito anteriormente. Se usan:

1. Antes de una enumeración.

   Le adjunto con la presente: la factura comercial y consular, licencia de importación, la póliza de seguro y el conocimiento de embarque.

2. Entre la hora y los minutos.

   3:20   12:15

3. Antes de una cita directa.

La ley es muy clara: "una multa de cien pesos."

4. Después del saludo de una carta.

Muy señores míos:

5. Después de expresiones *a saber, por ejemplo, verbigracia* y otros por el estilo.

Los signos de interrogación y admiración   [¿?]   [¡!]

Se escriben los signos al principio (¿¡) y al final (?!) de la frase o pregunta. Se colocan exactamente donde comienza y termina la interrogación o admiración aunque no comience o termine allí la oración gramatical. Si la interrogación o admiración forma parte de la oración, se emplea letra minúscula al comenzarla.

Ella llegó ayer, ¿verdad?

Juan lo vendió, ¡qué lástima!, antes de nuestra llegada.

El apóstrofo no se usa en español.

Las comillas   [" "]

Se usan:

1. Para indicar una cita directa:

"Cualquier carta, sea comercial o social, deberá escribirse con el mayor esmero."

Nota: Para indicar una cita dentro de otra, se usa la comilla simple (') para la cita que va dentro:

El me dijo: "Es necesario mantener un ambiente de 'buena voluntad' ".

2. Para indicar los títulos de artículos, ensayos, etc.

Su artículo "La economía del país" está bien escrito.

3. Para evitar repetición de palabras:

Cartas   comerciales
* "   sociales*

4.   Para destacar frases o palabras dentro de una oración.

En este caso, no se usa la palabra "de" después de la palabra "atención".

5.   Para indicar minutos, segundos, pies, pulgadas:

Corrió la milla en 1'3". (un minuto y tres segundos)
La sala mide 15'9" de largo. (15 pies y 9 pulgadas)

Nota: La coma o el punto se coloca antes de las comillas excepto cuando éstas forman parte de lo que se cita:

"No puedo y no quiero ir."

pero

Es muy importante mantener un ambiente de "buena voluntad".

El paréntesis, el guión, la raya (guión mayor) y el asterisco
[( ) , ⁻, ——, *]

El uso de estos signos de punctuación es casi igual al inglés excepto que es muy común emplear la raya para indicar los interlocutores en los diálogos:

—¿Cómo estás?
—Bien gracias. Y ¿tú?
—Bastante bien.

Nota: Para formar la raya o guión mayor en mecanografía, use dos guiones. No se debe dejar espacios ni antes ni después de estos dos guiones.

VOCABULARIO

ambiente *(m.)   lo que rodea*
avisar   *dar noticia de una cosa*
despachar   *enviar*
destacar   *distinguir, sobresalir*
esquina *(f.)   ángulo que forman dos superficies*
explicativo *(adj.)   que explica o aclara una cosa*
interlocutor *(m.)   persona que toma parte en un diálogo*

retraso *(m.)   demora (acción de dejar para después una cosa)*
señalar *llamar la atención*
solicitar *pedir; buscar*
transpuesto *(p.p.)   puesto en lugar diferente*

El sobre

Para evitar retrasos en la entrega de la carta, el remitente debe verificar el nombre y la dirección del destinatario antes de escribirlos en el sobre. Deben estar colocados en el centro y escritos a espacio sencillo y estilo bloque. El número de zona se escribe después del nombre de la ciudad en algunos países y antes de la ciudad en otros:

01710 México, D. F.   *08028 Barcelona, España*
México

Godoy Cruz, 5501, Mendoza
Rep. de Argentina

Es incorrecto escribir en el sobre las abreviaturas o símbolos de la empresa o firma a menos que sean parte oficial del nombre.

Ministerio de Comercio
RCA Victor, Inc.

Cuando el remitente desea que la carta sea leída solamente por la persona a quien se dirige, se escribe *PERSONAL* o *CONFIDENCIAL* en la esquina inferior o superior izquierda.

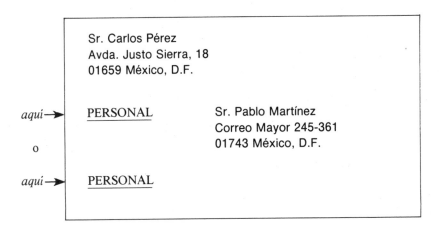

Las cartas comerciales

En las cartas comerciales es muy importante tratar de mantener relaciones cordiales y crear un verdadero ambiente de buena voluntad. El tono de la carta debe indicar un deseo sincero de servir. Como ya se ha mencionado, la cortesía siempre es fundamental.

Cada carta es un mensajero: o de buena o de mala voluntad. Este cargo lo lleva el redactor. Si las palabras son mal escogidas, resultando en una carta ambigua, si el tono de la carta falta a la amabilidad; si el redactor no demuestra ningún interés en los fines comerciales del destinatario, queda destruida la buena voluntad. Observe la diferencia entre las dos cartas a continuación:

COMESTIBLES NACIONALES, S.A.
Avenida Condado, 721
San Juan, Puerto Rico 00942

20 de junio de 19 ____

Supermercados Díaz
Avenida Miramar, 879
Mayagüez, Puerto Rico 00708

Señores:

Hemos recibido su carta del 14 de junio, 19 ____, pidiendo una lista de nuestros precios.

Adjunto les enviamos nuestra nueva lista.

Esperando sus gratas órdenes, quedamos muy atentamente,

COMESTIBLES NACIONALES, S.A.

Ramón Alvarez Hernández

Gerente

COMESTIBLES NACIONALES, S.A.
Avenida Condado, 721
San Juan, Puerto Rico 00942

20 de junio de 19 _____

Supermercados Díaz
Avenida Miramar, 879
Mayagüez, Puerto Rico 00708

Muy estimados señores:

Les damos las gracias por su grata carta del 14 del corriente y su solicitud de nuestra lista de precios.

Tenemos el gusto de incluir con la presente nuestra lista de precios. Si no se encuentran los productos que les interesan, tengan la bondad de avisarnos a la mayor brevedad. Concedemos el 20% de descuento por pago anticipado.

Nuestro Jefe de Ventas espera estar en su ciudad dentro de dos semanas, y los llamará por teléfono para arreglar una visita en su oficina.

En espera de sus gratas órdenes, los saludan muy atentamente,

COMESTIBLES NACIONALES, S.A.

Ramón Alvarez Hernández

Gerente

En cuanto a las formas de una carta comercial, los dos estilos más comunes son el bloque modificado y el semibloque. En *el estilo bloque* más extremo, todas las líneas comienzan en el margen izquierdo; en *el estilo bloque modificado,* los párrafos empiezan en el margen izquierdo, pero la fecha, la despedida y la firma se colocan a la derecha, igual al estilo semibloque. Este estilo *(el semibloque)* significa que cada párrafo tendrá un margen o sangría de cinco espacios y que la fecha está colocada o en el centro de la hoja (debajo del membrete) o a la derecha (terminando en el margen derecho). La despedida y la firma terminarán también en el margen derecho. Siempre hay dos espacios verticales entre los párrafos de los tres estilos. (Véase las ilustraciones en las páginas ___, ___ y ___.)

Estilo bloque

GARCIA, MORALES Y CIA.
Productos farmacéuticos
Ercilla, 673
VALPARAISO, CHILE
——————— *(el membrete)*

3 de abril de 19—— ——————————————— *(la fecha)*

Sres. Pablo Martínez e hijos ——————— *(el destinatario)*
Correo Mayor 245-361
01743 México, D. F. ——————————————— *(la dirección)*
México

Atención: Sr. Enrique García

—————————————————————— *(el saludo)*
Estimados señores: Ref.: Lista de precios ——— *(el asunto)*

Acusamos recibo de su atenta carta del 22 de marzo de
19—— en que nos piden una lista de precios de
nuestros productos y los descuentos que podemos hacer.

Tenemos el gusto de enviarles una lista detallada de ——— *(el texto)*
nuestros precios. Concedemos el 20% de descuento por
pago anticipado. Si no se encuentran los ítemes que les
interesan, tengan la bondad de avisarnos.

En espera de sus gratas órdenes, quedamos muy
atentamente, ——————— *(la despedida)*

GARCIA, MORALES Y CIA. ———————— *(la razón social)*

Manuel Avello ——————————— *(la firma)*

Manuel Avello ——————————————— *(el remitente)*
Gerente ——————————————————— *(el título del*
                                            remitente)

MA/sc ——————————————————— *(las iniciales)*

Anexo: Lista de precios

P. D. Nuestro representante, el Sr. Diego Cárdenas,
visitará su ciudad en mayo para hacer presentación de
nuestros productos.

Estilo bloque modificado

GARCIA, MORALES Y CIA.
Productos farmacéuticos
Ercilla, 673
VALPARAISO, CHILE —————— *(el membrete)*

3 de abril de 19___   ——— *(la fecha)*

Sres. Pablo Martínez e hijos ——————————— *(el destinatario)*
Correo Mayor 245-361
01743 México, D. F. ——————————— *(la dirección)*
México

Attención: Sr. Enrique García

——————— *(el saludo)*
Estimados señores: Ref.: Lista de precios ——— *(el asunto)*

Acusamos recibo de su atenta carta del 22 de marzo de
19___ en que nos piden una lista de precios de nuestros
productos y los descuentos que podemos hacer.

Tenemos el gusto de enviarles una lista detallada de ——— *(el texto)*
nuestros precios. Concedemos el 20% de descuento por
pago anticipado. Si no se encuentran los ítemes que les
interesan, tengan la bondad de avisarnos a la mayor
brevedad.

En espera de sus gratas órdenes, quedamos muy
atentamente, ——————— *(la despedida)*

GARCIA, MORALES Y CIA. ——— *(la razón social)*

Manuel Avello ——— *(la firma)*

Manuel Avello ——— *(el remitente)*
Gerente ——— *(el título del
remitente)*

MA/sc *(las iniciales)* ——————— *(las iniciales)*

Anexo: Lista de precios

P. D. Nuestro representante, el Sr. Diego Cárdenas,
visitará su ciudad en mayo para hacer presentación de
nuestros productos.

Estilo semibloque

GARCIA, MORALES Y CIA.
Productos farmacéuticos
Ercilla, 673
VALPARAISO, CHILE ——— *(el membrete)*

3 de abril de 19__ ——— *(la fecha)*

Sres. Pablo Martínez e hijos ——— *(el destinatario)*
Correo Mayor 245-361
01743 México, D. F. ——— *(la dirección)*
México

Atención: Sr. Enrique García

Estimados señores: Ref.: Lista de precios ——— *(el saludo)*
(el asunto)

Acusamos recibo de su atenta carta del 22 de
marzo de 19__ en que nos piden una lista de precios de
nuestros productos y los descuentos que podemos hacer.

Tenemos el gusto de enviarles una lista detallada ——— *(el texto)*
de nuestros precios. Concedemos el 20% de descuento
por pago anticipado. Si no se encuentran los ítemes que
les interesan, tengan la bondad de avisarnos a la mayor
brevedad.

En espera de sus gratas órdenes, quedamos muy
atentamente, ——— *(la despedida)*

GARCIA, MORALES Y CIA. ——— *(la razón social)*

Manuel Avello ——— *(la firma)*

Manuel Avello ——— *(el remitente)*
Gerente ——— *(el título del
remitente)*

MA/sc ——— *(las iniciales)*

Anexo: Lista de precios

P. D. Nuestro representante, el Sr. Diego Cárdenas,
visitará su ciudad en mayo para hacer presentación de
nuestros productos.

Hoy día es más corriente escribir el nombre del destinatario y la dirección con puntuación abierta, es decir, sin comas al final de la línea:

Sr. Enrique Ugarte
Avenida Muñoz Rivera, 172
San Juan, Puerto Rico 00814

Cuando una carta tiene más de una página, las páginas adicionales deben llevar escrito en la parte superior el nombre del destinatario, el número de la página y la fecha. Se puede usar cualquiera de los modelos a continuación pero quizá el primero sea un poco más común.

Sr. Ricardo Ortega   -2-   5 de julio de 19___

Sr. Ricardo Ortega
Pág. 2
5 de julio de 19___

Frases y expresiones útiles

Para redactar buenas cartas comerciales en español se recomienda que el estudiante aprenda las frases a continuación que son de uso muy común:

A. Para acusar recibo

1. Tenemos el gusto de acusar recibo de su estimada carta del 17 del actual. . .

2. Tengo el gusto de acusar recibo de su atta. de fecha 5 del corriente. . .

3. Hemos recibido su estimada carta del. . .

4. Le(s) agradezco (agradecemos) su estimable carta del 15 de agosto. . .

5. En respuesta a su amable carta de fecha 11 del actual...

6. En contestación a su estimada carta del...

7. Le(s) doy.(damos) las gracias por su estimada carta del...

8. Quedo (quedamos) muy agradecido(s) por su estimada carta del...

9. Con referencia a su estimada carta del...

10. Correspondiendo a su escrito de fecha...

11. Acusamos recibo de su muy atenta de fecha 8 del corriente...

12. Le(s) rogamos tenga(n) la bondad de excusar nuestro retraso en corresponder a su atta. del 2 de enero...

B. Para empezar el texto de una carta

1. Tenemos el gusto de participar a Ud. que...

2. Tengo el gusto de remitir a Ud....

3. Tenemos el gusto de avisar a Uds. que...

4. Tenemos el gusto de comunicar a Uds. que...

5. Nos es grato informarles que...

6. Aprovechamos (aprovecho) la ocasión para...

7. Con gusto incluimos a Ud....

8. Adjunto le(s) remito la cantidad que pidió (pidieron)...

9. Sentimos mucho tener que informar a Ud. que...

10. Sentimos mucho expresarle que...

11. Nos apresuramos a informarle(s) que...

12. Nos tomamos la libertad de escribirle(s) para...

13. Tenemos el gusto de enviarle...

14. Confirmo nuestra conversación telefónica de la tarde de ayer...

C. Para pedir respuesta

1. Sírvanse contestarme (contestarnos) tan pronto como sea posible...

2. Rogamos (ruego) a Uds. una contestación inmediata...

3. Esperando su respuesta...

4. En espera de su grata contestación me suscribo de Uds. muy cordialmente,

5. En espera de sus gratas noticias a la mayor brevedad posible. . .

6. Mucho les agradeceríamos se sirvieran informarnos, a la mayor brevedad posible, sobre. . .

D. Para terminar una carta comercial

1. En espera de sus gratas órdenes, quedamos muy atentamente,

2. Sin otro asunto, quedamos muy atentamente,

3. Pendientes de sus gratas noticias, lo (la) (los) (las) saludan muy atentamente,

4. En espera de sus noticias al respecto, quedo muy atentamente,

5. Muy cordialmente a sus órdenes,

6. Sin otro particular, saludamos a Ud. muy atentamente,

7. Nos suscribimos muy atentamente,

8. Sin otro asunto, aprovechamos la oportunidad para suscribirnos muy cordialmente,

9. Esperando su respuesta, quedamos muy cordialmente,

10. Muy atentamente lo saludamos y quedamos suyos affmos. y Ss. Ss.

11. Esperando su grata respuesta me reitero de Ud. affmo. S.S.

12. Sin otro particular, lo saluda respetuosamente su affmo., atto. y S. S.

Hay varias maneras de escribir "su(s) afectísimo(s) atento(s) y seguro(s) servidor(es)":

su(s) afmo(s)., atto(s). y S(s). S(s).

su(s) afmo(s)., atto(s). y S(s). S(s).

Se puede omitir la coma después de *afmo(s).*, y a veces se escribe con mayúscula: *Afmo(s). Atto(s).* También se puede escribir con mayúscula: *S.S.*

13. En toda consideración,

14. En espera de su respuesta, nos suscribimos muy atentamente,

15. Muy atentamente,

16. Somos sus atentos servidores,

17. En espera de su grata contestación, nos suscribimos de ustedes muy atentamente,

18. Muy atentamente le saludamos,

E. Otras expresiones útiles

1. Incluimos con la presente los siguientes documentos:

2. De conformidad con su solicitud...

3. Devolvemos con la presente...

4. Como no he recibido el cargamento de referencia...

5. Por correo aparte le remitimos...

6. Enviamos por separado el catálogo de...

7. Gastos de envío.

8. Incluyo con la presente un cheque por $38,25 USA en pago de la factura del 20 de julio.

9. He dado instrucciones al Banco Nacional de México, Sucursal Cuernavaca, de pagar a Uds. la suma de $2.500,00 en pesos mexicanos.

10. Agradezco a usted la bondadosa manera con que ha recibido a mi amigo el Sr. Orozco en su reciente visita a su ciudad.

11. Nos es muy grato informarle(s) que...

12. El fin de la presente es participarle(s) que...

13. Haremos cuanto esté de nuestra parte...

14. Sírvase cargar el importe de esta orden en nuestra cuenta.

15. Esperamos que continúen nuestras relaciones cordiales y que sigan honrándonos con sus estimables órdenes.

Modelos de cartas comerciales

1. Carta de presentación

---

2 de marzo de 19____

Almacenes Hispánicos
Sorolla, 15
Sevilla, 41023, España

Estimados señores:

Nuestro representante, el Sr. Pablo Cárdenas, visitará su ciudad en abril para hacer presentación de nuestros nuevos muebles de patio. Como ustedes ya saben, esta compañía fabrica más muebles de patio que ninguna, y nuestros precios son los más bajos. Creemos que les interesarán los nuevos estilos.

En mucho agradeceremos las atenciones que dispensen al Sr. Cárdenas, y esperamos servir su compañía en el próximo futuro.

Con la mayor consideración,

GONZALES HNOS.

Roberto Pérez García

Roberto Pérez García
Gerente de Ventas

RPG:mls

2. Carta de presentación

---

el 12 de agosto de 19____

Sr. Gerente del Banco Central
Calle de Juárez, n.°7
Guanajuato, Gto.

Muy estimado amigo:

Tengo mucho placer de presentar a usted a mi amigo el Sr. Felipe Pelayo y Sánchez.

Este señor permanecerá en su ciudad durante todo este mes y me haría personalmente un favor especial si le da la ayuda que, dentro de sus posibilidades, pueda rendirle durante su estancia.

Agradeciéndole por anticipado todas las atenciones que usted tenga con el Sr. Pelayo, me suscribo de Ud. Afmo. Atto., y S. S.

Carlos López

Carlos López

3. Carta circular

Abril 17 de 19____

Distinguido señor:

Le adjuntamos un folleto ilustrativo de la obra *Literatura del Siglo de Oro,* realizada por Federico Rosales, con la colaboración de Eulalia Mancillas.

Los tres volúmenes compendian una labor de años y el prestigio de los autores corre parejo con los cuidados de la edición. El folleto adjunto le dará una idea clara de lo que es *Literatura del Siglo de Oro.*

El precio de la obra, especial para esta oferta a profesores de español, es de $75,00 USA y ha de ser remitido mediante cheque a nombre de "Librería de Fernández Hnos. y Compañía, S. A.". Al recibir el pedido y por correo marítimo certificado le enviaremos los tres tomos sin cargo alguno de embalaje y correo.

Un atento saludo,

LIBRERIA DE FERNANDEZ HNOS. Y CIA., S. A.

Francisco Cano

Francisco Cano
Director

Incluso

4. Carta circular

2 de diciembre de 19____

Estimado lector:

Con el número de diciembre venció su suscripción a *Hoy,* misma que no podremos renovar ya que de hoy en adelante solamente estaremos presentes en quioscos y librerías.

Le queremos agradecer por adelantado el seguirlo contando entre nuestros lectores, y esperamos que cada mes pida *Hoy* en su quiosco habitual.

Atentamente,

EDICIONES HOY

Ramón Sánchez

Ramón Sánchez
Director General

5. Respuesta a la carta anterior

el 10 de diciembre de 19____

Sr. Ramón Sánchez
Director General
Ediciones *Hoy*
Pelayo, 15
Valencia, 46103

Muy señor mío:

Tomo nota de lo que me anuncia en su carta de fecha 2 del corriente en la que me informa que a partir de ahora solamente podré adquirir su revista a través de quioscos y librerías.

Puesto que no he recibido la correspondiente al mes de noviembre, les ruego que me la remitan según nuestro compromiso concertado.

Agradeciéndole su atención, atentamente le saluda,

Concha Zamora de Carpena

Concha Zamora de Carpena

6. Carta en respuesta a un anuncio

Noviembre 28, 19____

St. Joseph Lumber & Hardware Co.
St. Joseph, Missouri 64506
U.S.A.

Muy señores míos:

En el Boletín Informativo que edita el Ministerio de Comercio Español he leído su anuncio en el que se interesan por la adquisición de azulejos.

Dado que me encuentro bien introducido en dicho mercado, es por lo que me dirijo a Uds. a fin de que me indiquen más concretamente sus necesidades, para de esta forma poder estudiar los mejores precios.

Con el deseo de que ésta sea la iniciación de unas relaciones comerciales que considero pueden ser muy beneficiosas para ambos, aprovecho la ocasión para saludarlos atentamente.

José Antonio Román

José Antonio Román

7. Carta que expresa agradecimiento por las atenciones prestadas a un hombre de negocios

10 de mayo de 19____

Sr. Gerente de
Tudor Manufacturing Company
P. O. Box 468
Minneapolis, MN 55440
U.S.A.

Muy estimado señor:

Acabo de regresar a mi oficina y deseo, ante todo, expresar a usted mi agradecimiento por todas las atenciones que me dispensó durante mi visita a su ciudad y a su compañía.

Quedé muy bien impresionado con las excelentes facilidades de su fábrica y considero que mi visita a Minneapolis ha venido a estrechar las relaciones tan cordiales entre nuestras dos compañías.

Con un afectuoso saludo y agradeciéndole una vez más todas sus atenciones, me repito como siempre a sus órdenes.

Atentamente,

SANCHEZ Y CIA., S. A.

Alberto Sánchez

Alberto Sánchez
Director

AS:st

8. Carta en que se adjunta una factura

_____

el 8 de enero de 19____

Srta. Alice Wilson
1095 South Maple Street
Lincoln, Nebraska 68510
U.S.A.

Muy estimada señorita:

Nos referimos a su atenta del día 27 del mes transcurrido.

De acuerdo con sus deseos, adjunto a la presente le estamos enviando nuestra factura que asciende a la cantidad de Dls. 26.40.

Le agradeceremos que nos remita un giro en dólares sobre cualquier banco de Nueva York, a fin de estar en posibilidad de atender su pedido.

En espera de sus noticias, nos repetimos como sus afectísimos atentos y seguros servidores.

R. Porrúa

R. PORRUA

RP:et fra.
Anexo: 1

9. Carta de cotización

---

9 de diciembre 19____

Productos Internacionales, S. A.
Apartado 251
Caracas, 27, Venezuela

Estimados señores:

Nos es muy grato dirigirnos a ustedes para informarles que debido a nuestro nuevo sistema de producción y a la gran demanda de nuestros productos antibióticos, hemos reducido los precios de todos estos productos. Tenemos el gusto de enviarles una lista de los nuevos precios los cuales estarán en vigencia a partir de la fecha presente. Concedemos, como siempre, el 20% de descuento por pago anticipado.

En espera que estas modificaciones les ayuden a aumentar sus ventas, nos es grato quedar de ustedes

Atentamente,

LABORATORIOS NACIONALES, S.A.

Vicente Duarte

Vicente Duarte
Gerente de Ventas

VD:ml
Anexo

10. Carta que comunica el envío de un paquete

Junio 24 de 19____

Miss Eleanor Sanders
1500 Lakeshore Drive
Chicago, Illinois 60610
U.S.A.

Muy estimada señorita:

De conformidad con su pedido de fecha 11 del corriente, nos complacemos en comunicarle que en el día de ayer, en un paquete certificado número 29, le hemos remitido los libros que figuran en la adjunta factura número 11979, cuyo importe de 4,30 dólares hemos recibido, por lo que quedamos muy agradecidos.

Pendientes de sus nuevas y gratas órdenes, atentamente la saludan,

EDITORIAL MARTIN, S. A.

José González

José González

Anexo: fra. 11979

11. Carta que comunica informes sobre la matriculación en un curso académico

7 de mayo de 19____

Srta. Anne Washington
2743 North Clayton Avenue
Buffalo, New York 14216
U.S.A.

Distinguida Srta.:

En contestación a su carta del 28 de abril ppdo. le comunico que efectivamente el precio de inscripción en el Curso Intensivo y pensión completa (tres comidas y habitación), durante el mes de julio, es de veinte mil pesetas. Las habitaciones son todas individuales.

Puede usted vivir con una familia y asistir al Curso; entonces los derechos de inscripción son de seis mil pesetas. La pensión completa con una familia, aunque no le puedo decir exactamente el precio, será alrededor de unas 750 a 850 pesetas pensión completa y por día.

Le envío un boletín de inscripción, rogándole que de decidirse a vivir en una residencia universitaria nos lo mande debidamente cumplimentado a vuelta de correo, ya que tenemos muy pocas plazas disponibles y están llegando muchísimas peticiones.

La saluda atentamente,

F. Guzmán

F. Guzmán

FG:cr

12. Carta que pide reserva en un hotel

Marzo 15, 19____

Sr. Administrador del Hotel Palacio
Calle Colón, 11
Caracas, Venezuela

Estimado señor:

Quisiera hacer una reservación en su hotel para el 9 del mes próximo, de un cuarto con camas gemelas y baño privado. Esta reservación es para un compañero y para mí, que tendremos una reunión en esa ciudad durante los días 10, 11 y 12.

Supongo que tenga los mismos precios que constan en el catálogo. Caso de haberlos cambiado, le suplico me lo informe, junto con la confirmación de la reservación.

Quedo suyo atentamente,

Tomás Avellaneda

Tomás Avellaneda

13. Carta que pide reserva en un hotel

---

2 de agosto de 19____

Administrador
Hotel Colón
Adva. Justo Sierra, 18
México, D. F.

Sr. Administrador:

Me permito comunicarle que tenga la bondad de reservarme una habitación con el Hotel Colón para el día 24, lunes, del mes en curso. Estaré alojado durante los días 24 al 27 en que se efectuará el Congreso de Medicina.

Si existiera algún inconveniente, hágame el favor de comunicármelo lo más pronto posible, con el objeto de resolver, con tiempo, el problema de mi hospedaje en esa ciudad.

Muy atentamente,

Dr. Pedro Suárez S.

Dr. Pedro Suárez S.

14. Carta en respuesta a la anterior (respuesta negativa)

---

10 de agosto de 19____

Dr. Pedro Suárez S.
Calle Notal, 23
Cuernavaca, Morelos

Muy estimado Dr. Suárez:

Correspondiendo a su atenta del 2 del actual, sentimos comunicarle que no podemos tomar nota de su reserva por tener el cupo del hotel cubierto.

Esperamos servirle de una manera más conveniente en lo sucesivo. Quedamos suyos afmos. y ss. ss.

HOTEL COLON

R. Martín

Fmdo. R. Martín
Director

FRM:tp

15. Respuesta afirmativa de un hotel para una reserva

---

el 8 de agosto de 19___

Muy estimado Dr. Suárez:

Agradeciéndole su atenta del 2 del cte. tenemos el gusto de comunicarle que le hemos reservado una habitación individual con ducha para los días 24 al 27 de agosto. El precio es de 2.000 pesos por día.

Anticipamos con gran placer su estancia y nos es grato asegurarle que siempre estamos a sus órdenes.

Muy cordialmente,

Felipe Pérez

Felipe Pérez
Director

16. Carta para anular una reserva

9 de febrero de 19___

Muy señores míos:

Siento mucho comunicarles que con motivo de un cambio de planes, no estaré en Bogotá en junio. Por eso tengo que anular mi reserva de una habitación individual para el diá 15.

Les agradezco su consideración y los saludo muy atentamente,

Ricardo Alonso

Ricardo Alonso

17. Carta de suscripción a una revista

29 de septiembre de 19___

Mañana
Avenida de José Antonio, 37
Madrid, España

Muy señores:

Les adjunto mi cheque personal por $6.00 U.S. por el cual les agradezco que tengan la bondad de suscribirme por seis meses a su revista quincenal *Mañana*. Prefiero que dicha suscripción comience el primero de octubre, si no tienen inconveniente.

Los saluda respetuosamente su affmo., atto. y s.s.,

Michael Johnson

Michael Johnson

18. Carta que pide informes para matricularse en una universidad

---

el 18 de noviembre de 19____

Sr. Secretario
Universidad del Cuzco
Cuzco, Perú, S. A.

Respectable señor:

Quisiera que me informara de los requisitos necesarios para poderme matricular el próximo verano en la Facultad de Letras de esa Universidad. Yo soy Bachiller en Artes de la Universidad de Wisconsin y me gustaría tomar cursos avanzados de la historia de los Incas.

En espera de su grata contestación, quedo suya atentamente,

Mildred Brown

Mildred Brown

19. Un estudiante quiere matricularse en una universidad y pide informes al respecto (en tercera persona)

Diciembre 6 del 19____

Universidad Nacional de Perú
Lima, Perú

El que suscribe, Oscar Molina Sarrat, estudiante de segundo año de la Universidad de California, se dirige a la Secretaría General de la Universidad Nacional de Perú para solicitar informes acerca de los requisitos reglamentarios que debe cumplir para poder ingresar en la Facultad de Ingeniería Electrónica de esa Universidad. Con el fin de arbitrar lo necesario, ruega se le indiquen las tasas, días de clases, horarios y todo informe referente al plan de estudios vigente.

Al agradecer la atención que se sirvan prestar a la presente, le saluda muy atentamente,

Oscar Molina Sarrat

Oscar Molina Sarrat

*S/C: Juan Díaz de Solís, 345
    Mendoza, R. Arg.

---

*S/C significa "su casa".

20. Un estudiante quiere matricularse en una universidad y pide informes al respecto (en primera persona)

el 13 de enero de 19_____

Sr. Secretario General de la
Universidad Nacional de Perú
Lima, Perú

Muy estimado señor:

Tengo el agrado de dirigirme a Ud. para rogarle que me informe sobre la reglamentación que rige el ingreso a la Facultad de Artes y Ciencias de esa Universidad. Necesito conocer toda referencia respecto a los estudios básicos que se exigen, tasas, plan de estudios, horarios y días de clase.

Le agradecería una pronta respuesta que me permita arbitrar cuánto necesito para hacer efectivo mi ingreso en la Universidad. Lo saludo con mi mayor respeto y consideración.

Oscar Molina Sarrat

Oscar Molina Sarrat

S/C: Juan Díaz de Solís, 345
    Mendoza, R. Argentina

21. Carta que pide informes sobre el alquiler de un coche

---

30 de abril de 19____

Salinas y Ortega, S. A.
Avenida de José Antonio, 31
Madrid, España

Muy señores míos:

En las próximas vacaciones de verano quiero hacer un viaje a España y recorrer todas las provincias, o por lo menos los lugares turísticos más importantes, y por ello quisiera que usted me informara acerca del precio del alquiler de un coche sin chófer y todo lo referente a seguros, combustible y el valor de los gastos del recorrido según las millas caminadas.

Gracias por su atención, y en espera de sus nuevas, quedo atentamente,

Juan Rivas

Juan Rivas

22. Carta de queja

---

25 de julio de 19____

Muy señores nuestros:

Con referencia a nuestro pedido del mes pasado, su factura N.° 6745 de fecha 5 del corriente, sentimos tener que decirle que todavía no hemos recibido la mercancía ni siquiera unas líneas de explicación por el retraso.

Esperando su mayor atención, quedamos muy atentamente,

MORALES Y CIA.

Carlos Alvarez Zamora

Carlos Alvarez Zamora
Gerente

23. Carta de queja

---

15 de agosto de 19____

Muy señores míos:

Hace dos meses que les envié mi cheque por valor de $17,00 (US) para suscribirme a su revista *Señorita* durante un año. No me han acusado recibo de mi pedido ni tampoco he recibido el primer número aunque se ha cobrado mi cheque.

En espera de una rápida respuesta y con mi mayor agradecimiento, los saluda atentamente,

Isabel Uribe

Isabel Uribe

24. Carta de queja

---

20 de marzo, 19___

Fernández, S. A.
Calle Esparza, 30
Bilbao, 23, España

Señores:

La presente sirve para comunicarles que la mercancía
correspondiente a nuestro pedido de fecha 14 de febrero de 19___,
Orden #404, no se ajusta a las muestras, ni a las condiciones
establecidas en nuestro contrato. Procedemos a devolverla,
esperando que Uds. remitan la mercancía con la calidad concertada
o se sirvan hacer un reembolzo a nuestro favor por la totalidad, ya
pagada por nuestra parte, de su importe.

Esperando que este problema no interfiera con nuestras
relaciones y que sea pronto solucionado, les saludan muy
atentamente,

EMPRESA NACIONAL, S. A.

Miguel Zamora

Miguel Zamora
Gerente

MZ:ed

25. Respuesta a un anuncio del periódico

Se Alquila: Apartamento de cuatro
habitaciones. Todo moderno. Cerca
Universidad. LV 286.

Agosto 5, 19____

Muy señor mío:

Le escribo en respuesta al anuncio en *La Voz,* de fecha 8 del actual, referente a un apartamento de cuatro habitaciones.

Pienso estudiar en la Universidad y busco un apartamento amueblado cerca de ella. Puedo ofrecerle cartas de recomendación para que sepa que soy honrado y de buen carácter. Tengo veinte años de edad y estudio Medicina.

¿Me hará el favor de telefonear? La llamada corre de mi cuenta. Mi número de teléfono en San Miguel de Allende es 5-17-43.

En espera de sus gratas noticias, le saluda muy cordialmente,

Carlos Ramírez

Carlos Ramírez

26. Carta que solicita empleo

Calle Urbano, 15
Valencia 46006
10 de julio de 19___

Almacenes Nacionales
Madrid, 03247

Muy estimados señores:

Según el anuncio en *La Prensa,* su compañía solicita un dependiente bilingüe: español-inglés.

Tengo 24 años, soy norteamericano y graduado universitario, y he estudiado el español por ocho años en los Estados Unidos. Trabajaba de dependiente en un almacén mientras asistía a la Universidad de Colorado. Incluyo con ésta mi resumen y dos cartas de referencia: una de un profesor de español en Colorado y la otra del gerente del almacén en donde serví de dependiente.

Me gustaría mucho trabajar con ustedes y apreciaría que me dieran la oportunidad de una entrevista. Si quisieran telefonearme, mi número es 14-20-993. Les agradeceré mucho que me tomen en consideración para este puesto.

En espera de sus gratas órdenes, quedo muy atentamente,

David Montgomery

David Montgomery

27. Respuesta negativa a la carta núm. 26

el 31 de julio de 19____

Muy estimado señor:

Acusamos recibo de su carta del 10 de julio de 19____ en la que solicita la posición de dependiente bilingüe.

Estamos gratamente impresionados con los informes que nos ofrece en la misma, pero tenemos que avisarle que ya se ha cubierto esa plaza.

Le agradecemos el interés tomado por Ud. y sentimos no poder ofrecerle una posición.

Muy atentamente,

ALMACENES NACIONALES

Manuel Heredia

Manuel Heredia
Gerente

28. Carta que solicita empleo

Avenida José Antonio, 427
Santander 369002, España
21 de junio de 19____

Escuela de Los Alamos
Málaga 249320, España

Muy estimados señores:

En *La Prensa* he leído que ustedes solicitan profesor de inglés para el año escolar que viene. Le agradecería que me consideraran para esta posición.

Soy norteamericana y graduada de la Universidad de Texas, Austin, Texas, especializada en Español e Inglés. Además, estudié la enseñanza de las dos lenguas. Enseñé español durante dos años en una escuela secundaria en Tulsa, Oklahoma. Le incluyo una carta del rector de esa escuela que sirve como referencia, además de atestiguar mi capacidad para enseñar.

Les agradeceré que me concedan la oportunidad de una entrevista en cualquier día y a la hora que deseen.

En espera de sus gratas noticias, quedo muy sinceramente,

Anne Lambert

Anne Lambert

Los telex y los telegramas

Los telegramas escritos en países de habla hispana, al igual que los de los Estados Unidos, no difieren en su estructura general. Estas formas de comunicación son bastante breves y es necesario que sean compuestas con claridad para que el mensaje sea bien entendido.

RECLAMAMOS PEDIDO NUM. 5691 ENVIEN EN SEGUIDA

NO HAGA EFECTIVO NUESTRO CHEQUE NUM. 8037 POR 63.438 PTAS A FAVOR DE EMPRESAS NACIONALES

DE ACUERDO A NUESTRA CONVERSACION POR TELEFONO 14 FEBRERO 19____ OFRECEMOS PAGARLES SEIS POR CIENTO DE COMISIONES EN TODOS LOS PEDIDOS QUE OBTENGAN. FAVOR AVISARNOS INMEDIATAMENTE SI ACEPTAN LA PROPOSICION.

La minuta y el acta

La palabra *minuta* se refiere al borrador de los datos tomados por el secretario en una reunión. El acta está basada en la minuta y es un registro de las discusiones, proposiciones, acuerdos, informes, mociones aprobadas, etc. que se presentan durante la reunión. (En inglés, se usa solamente una palabra: *minutes.*) El acta es firmada por la persona que toma la minuta. El libro de actas constituye un documento legal muy importante.

El acta generalmente incluye los siguientes datos:

1. nombre de la empresa u organización que se reune;

2. fecha de la reunión;

3. lugar donde se celebra;

4. hora en que comienza;

5. miembros presentes;

6. miembros ausentes;

7. nombre de la persona que preside;

8. mención de la lectura del acta de la reunión anterior y aprobación de la misma;

9. asuntos discutidos;

10. mociones presentadas:
    a. nombres de las personas que las presentan;
    b. nombres de las personas que las secundan;
    c. resultados de las votaciones;

11. hora en que termina la sesión.

Modelo de acta

Acta Núm. 115

En la ciudad de Cuernavaca, a las cinco de la tarde del 10 de julio de 19 ____ se celebró la reunión de la Junta de Directores en la Sala de Conferencias del Banco Nacional.

(Sigue en la próxima página)

Miembros presentes:

Pedro Méndez	José Pérez
Roberto Escobedo	Samuel Moreno
Domingo García	Jorge Carpena

Miembro ausente:

Edmundo Jiménez

Presidió la reunión el Sr. Pedro Méndez, Presidente de la Junta de Directores.

El Secretario dio lectura al acta de la sesión anterior y fue aprobada por unanimidad.

El Presidente presentó a la Junta una lista de los préstamos de más de $20.000 hechos desde la reunión anterior. Roberto Escobedo presentó la moción que todos los préstamos fueran aprobados. La moción fue secundada por el Sr. Jorge Carpena. Fue aprobada por unanimidad.

El Presidente le presentó a la Junta:

1. el informe mensual de operaciones del mes de junio. Cada miembro recibió una copia mimeografiada de este informe. (Véase Anexo A.)
2. un nuevo horario de tasas de interés.
3. planes para una campaña de publicidad.

Sin otro asunto que tratar, el Presidente dio por terminada la sesión. Se levantó la sesión a las 6:30 p.m.

María Luisa González

María Louisa González

Secretaria

Visto Bueno
Anexo A

Ejercicios

(Los datos suministrados en los párrafos a continuación son mínimos.
El estudiante puede añadir otros detalles de su propia invención.)

1. Escriba a la Librería Séneca, Avenida Barbieri, 08027,
    Barcelona, España, para pedirles dos libros: *Mañana por la
    Mañana,* por Francisco Pérez Tela, 550 pesetas; *Poesía para
    Siempre,* por Carlos Martí y Reséndez, 675 pesetas. Los gastos
    de envío son 185 pesetas.

2. La Librería Séneca le escribe que no tiene uno de los dos libros
    que usted solicitó. Le ha enviado el otro libro y sugiere que
    quizás le interese como sustitución una novela titulada *Dos
    Veces Más,* por Julián García López, 500 pesetas. Puesto que
    usted remitió el total por los dos libros, queda un saldo a su
    favor de _____ pesetas. Los gastos de envío son 125 pesetas.

3. Usted quiere abonarse a la revista *Señorita.* El abono anual
    cuesta $12,00 (U. S.) o $22,00 por dos años. Escriba al Jefe del
    Departamento de Circulación pidiendo que registre su sus-
    cripción. La dirección es Avenida León, 04379, México, D. F.

4. Hace un mes que usted se suscribió al periódico *El Mundo,*
    pero todavía no ha recibido ni un solo ejemplar. Usted tiene su
    cheque cancelado como prueba de que la casa editorial recibió
    el pedido. Escriba al Jefe del Departamento de Circulación
    preguntándole cuándo va a comenzar su abono al diario. La
    dirección es Avenida Colón, 23, Madrid.

5. Usted trabaja para la Librería Universitaria. Escriba al profesor
    Sanders, acusando recibo de su cheque y diciéndole que le ha
    enviado los libros pedidos. Adjunte la factura. Sugiera otros
    libros que le interesen.

6. Conteste un anuncio en el periódico sobre una bicicleta que
    está en venta.

7. Escriba al Hotel Plaza pidiendo habitación sencilla con baño
    privado, en el quinto piso, al fondo. Pregunte el precio por día
    y por semana (tarifa semanal), sin comidas.

8. Escriba a una agencia de viajes pidiendo informes sobre el
    alquiler de un coche de cambios corrientes (cambios
    automáticos), la tarifa por un día y por kilómetro, el seguro, las
    reparaciones que sean necesarias, etc.

9. Escriba a Busga, S. A., una compañía de autobuses, pidiendo el
    horario, el precio de un boleto de ida y vuelta entre Madrid y
    Santander, y el lugar donde se encuentra la estación de
    autobuses en ambas ciudades. Pregúnteles si es posible reservar

un asiento y cuántos kilos de equipaje puede llevar cada pasajero.

10. Usted pasó la noche del sábado de la semana pasada en el Hotel Goya, Asunción, 17, Sevilla. Acaba de darse cuenta de que dejó allá un paraguas. Piensa regresar a Sevilla dentro de dos semanas. Escriba al hotel.

11. Usted quiere asistir al Teatro Colón cuando se representa la comedia *Y Quiso Más La Vida*. Prefiere una butaca para la noche del 20 de mayo a las diez. El precio de una butaca es 475 pesos. Escriba al teatro, remitiéndole su cheque personal y adjuntando un sobre con su nombre y dirección.

12. Escriba al Administrador del Hotel María Isabel, Santander, España, pidiendo que le reserve una habitación para dos personas (usted y su esposa), con cama doble y baño con ducha. Usted prefiere una con vista a la playa. Además pídale que tenga la bondad de guardarle cualquier clase de correspondencia que le envíen a ese hotel antes de su llegada, esto último aunque tenga cubierto el cupo del hotel.

13. *A.* Usted se llama Federico Díaz. Quiere volar de México, D. F., a Caracas, Venezuela, pero no sabe si hay servicio aéreo entre México y Caracas. Escriba a Mexicana (línea aérea) pidiendo informes. Debe pedir reservarle pasaje de segunda clase de ida el 23 de marzo y de vuelta el 15 de abril. *B.* Usted trabaja para Mexicana. Escríbale al Sr. Díaz diciéndole que Mexicana no hace vuelos entre esas ciudades. *C.* Escríbale al Sr. Díaz diciéndole que Mexicana tiene dos vuelos al día entre esas ciudades. Dígale el horario, el precio o tarifa de viaje, carga de equipaje permisible, etc.

14. *A.* Usted enseña español y quiere obtener dos o tres carteles para su aula. Escríbale al Departamento del Turismo, Plaza de España, Madrid, pidiendo los carteles. *B.* Usted trabaja para el Departamento del Turismo en Madrid. Escríbale al redactor de la carta anterior.

15. Redacte una carta de pedir empleo.

16. Escriba a la Libería Séneca solicitando un catálogo de sus libros sobre el teatro de Antonio Buero Vallejo.

Glosario comercial

account *(n.)* cuenta **checking account** cuenta corriente **on account** a cuenta
accounts payable cuentas por pagar
accounts receivable cuentas por cobrar
actual cost costo efectivo
actual loss pérdida efectiva
advertising propaganda, publicidad
affidavit acta notarial, declaración
amount importe *(m.)*, suma **amount due** suma debida
annual report informe *(m.)* anual
assessed valuation avalúo catastral
assets activo, bienes *(m. pl.)* **assets and liabilities** activo y pasivo
balance *(n.)* saldo, balance *(m.)* **balance of trade** balanza comercial
balance *(v.)* balancear
bank account cuenta bancaria
bank draft giro bancario
bill of lading conocimiento de embarque
bill of sale escrita de venta, factura
board (*of directors*) junta directiva
branch sucursal *(f.)*
budget *(n.)* presupuesto
capital stock acciones de capital
cash balance saldo de caja
cash discount descuento por pronto pago
common stock acciones comunes
contingency fund fondo para imprevistos
cost-plus contract costo más honorarios

earnings ingresos, ganancias
face amount (*face value*) valor nominal
federal income tax impuesto federal sobre ingresos
freight prepaid flete *(m.)* pagado
goods and services bienes *(m. pl.)* y servicios
gross income ingresos brutos
gross profit utilidad bruta
installment plan plan *(m.)* de ventas en abonos
interest rate tasa de interés
investment inversión
ledger libro mayor
loan *(n.)* préstamo
long-term a largo plazo
mortgage *(n.)* hipoteca
net *(adj.)* neto **net assets** activo neto **net income** ingreso neto
on account a cuenta
on demand a la presentación
operating capital capital *(m.)* de explotación
operating surplus excedente *(m.)* de explotación
overhead *(n.)* sobrecarga, gastos indirectos
payable pagadero **payable on demand** pagadero a la presentación
payables and receivables sumas por pagar y por cobrar
payee beneficiario
power of attorney carta poder
prime rate tasa preferencial
profit sharing participación de utilidades
promissory note nota de pago, pagaré *(m.)*
property bienes *(m. pl.)*, propiedad **property tax** impuesto sobre bienes
rate *(n.)* tasa, tipo, tarifa **rate of exchange** tipo de cambio **rate of interest** tasa de interés **rate**

of return tasa de rendimiento
real estate   bienes (*m. pl.*) raíces
red tape   papeleo, formulismo
retail (*n.*)   menudeo, venta al por
  menor
retained earnings   beneficios no
  distribuidos
revenue bond   bono del estado
revenue stamp   timbre (*m.*) fiscal
rush order   pedido urgente
safe deposit box   caja de
  seguridad
savings and loan association
  sociedad de ahorro y
  préstamos
securities   valores, títulos
shareholder   accionista (*m. y f.*)
stock (*n.*) acciones   *stock*
  certificate   certificado de
  acciones   *stock dividend*
  dividendo en acciones *stock*
  exchange bolsa de valores
stockbroker   corredor de
  acciones
subsidiary company   compañía

filial
surplus funds   fondos sobrantes
tax (*n.*) impuesto   *after taxes* con
  los impuestos ya deducidos *tax*
  laws leyes (*f. pl.*) fiscales
  property tax impuesto predial
taxable   gravable
taxpayer   contribuyente (*m. y f.*)
time deposits   depósitos a plazo
time payments   pagos a plazos
trust funds   fondos fiduciarios
value (*n.*) valor   *assessed*
  value   valor catastral   *face*
  value   valor nominal   *market*
  value   valor de mercado   *par*
  value   valor a la par
voucher   comprobante (*m.*) de
  pago
wholesale (*m.*) mayoreo, venta al
  por mayor
wholesaler   mayorista (*m. y f.*)
working capital   capital (*m.*) en
  giro
write-off   cargo por depreciación

Las cartas sociales

Como ya se ha señalado, todas las cartas, sean comerciales o sociales, deben ser bien escritas. (Véase las págs. 1–27.) La carta social difiere de la comercial en que es más íntima y personal y que el tema no tiene nada que ver con los negocios. Debe hacerse notar también que el destinatario y la dirección no se usan en las cartas sociales.

Este libro demuestra algunas de las formas que emplea el español bien educado al escribir a un amigo en una variedad de circunstancias. Hay que tener en cuenta que el estilo español es más elegante y más efusivo que el inglés, pero no le falta la sinceridad.

Frases y expresiones útiles

A. Para terminar una carta social

1. Atentamente,

2. Respetuosamente,

3. Muy respetuosamente, le (lo, la) saluda su amigo

4. Con afecto y admiración se despide

5. Le (lo, la) saluda con afecto y respeto

6. Afectuosamente,

7. Muy atentamente y con cariño

8. Muy agradecido (-a) y con afecto,

9. Con afectuosos saludos para tus padres y hermanos, se despide

10. Te abraza afectuosamente

11. Con mucho cariño

12. Te abraza con cariño tu amiga

13. Recibe un abrazo de tu amigo

14. Recibe todo el cariño de tus amigos

15. Os mando un fuerte abrazo y besos a todos

16.   Recibe el saludo sentido de tu amiga, que los es

17.   Te recuerda y te quiere

B. Algunas formas sociales

1.   Deseo que seas muy feliz no sólo el día de tu Santo, sino todos los días de tu vida.

2.   Unas cariñosas líneas para decirte que deseo pases muy feliz el día de tu Santo.

3.   Todos deseamos que el día de tu Santo veas colmados tus fervientes anhelos y que la felicidad te acompañe todos los días de tu vida.

4.   Por medio de ésta quiero expresarle mi sincero agradecimiento por la velada y cena tan agradables que pasé en su casa.

C. Algunas formas de etiqueta

1.   El señor y la señora Fernández solicitan el placer de ser acompañados del señor y la señora Jones en su comida del martes próximo, a las nueve de la noche.

2.   El señor y la señora Jones tienen mucho placer en aceptar la amable invitación del señor y la señora Fernández para cenar con ellos el martes próximo a las nueve de la noche.

3.   El señor y la señora Jones están muy apenados porque un previo compromiso les impide aceptar la amable invitación del señor y la señora Fernández para el martes próximo a las nueve de la noche.

Modelos de cartas sociales

1. Carta de agradecimiento por las atenciones y la ayuda brindadas a una hija

---

el 21 del septiembre de 19＿＿

Distinguida Srta. Alonso:

Me es altamente satisfactorio dirigirme a Ud. para enviarle un cariñoso saludo y el más profundo agradecimiento por todas las atenciones y la ayuda que ha brindado a mi hija María Luisa. En realidad, no tengo palabras adecuadas para expresárselo, pero le ruego acepte nuestra eterna gratitud.

Queremos tener el gusto de verla por esta su casa en sus próximas vacaciones o en la época que mejor le parezca, poniendo, desde luego, esta modesta casa a sus apreciables órdenes.

Afectuosamente,

Ana M. de Trueba

2. Carta que comunica el envío de un regalo

Octubre 5 de 19＿＿

Queridísima Luisa:

Al llegar de un largo recorrido por Europa me encontré con tu carta, que sin duda cruzó con la mía.

Nuestro viaje fue magnífico, pues nos encantó el poder visitar varias ciudades de Inglaterra, Alemania, Suiza y Francia.

Ana se fue el sábado para Nueva York. Quizás vuelva en diciembre, según como pueda resolver sus asuntos allí.

Recibirás un regalito que te compré en Londres. Espero que te guste.

Como te dije en la carta anterior, nosotros todos tenemos muchísimos deseos de volverte a ver. ¿Por qué no vienes a visitarnos en enero? Hace tanto tiempo que estuviste aquí.

Cuídate mucho y recibe todo el cariño de tu amiga,

Leticia

3. Carta que expresa gracias por un regalo

Querida Susana: 12 de junio de 19___

Hoy recibí tu regalo—los pendientes preciosos, con un color de piedra que me encanta.

Si papá me deja, esta noche pienso asistir al baile de graduados que se celebrará en el Club de Golf. Llevaré tan hermoso regalo que me ha hecho doblemente feliz en este día, primero por ser el día de mi graduación, y segundo, por la atención que has tenido conmigo.

Gracias por tu amabilidad. Te recuerda siempre,

Lupita

4. Carta que expresa gracias por un regalo

Querido Carlos: Marzo 5, 19___

Una vez más y como siempre, te escribo para darte las gracias por el precioso regalo. A mí me gusta mucho el bronce. Pero me parece que es un regalo excesivo—no debías haber gastado tanto por mí.

Estoy muy ilusionado por verte a ti y a tu hermano en Nueva York en mayo. Parece un siglo desde que nos reunimos la última vez.

Mil gracias otra vez por el magnífico regalo, y recibe un abrazo de este amigo que no te olvida,

Juan

5. Carta de felicitación a una amiga por el día de su Santo

---

el 6 de enero de 19____

Querida Rosa:

No sabes cuánto te recuerdo en el día de hoy. Te deseo lo pases colmada de dicha y felicidad.

Es posible que te visite próximamente para entregarte un regalo que estoy segura será de tu agrado.

Hubiera deseado haber estado contigo en este día, pero me ha sido imposible por motivo de mi trabajo.

Recibe con estas líneas un fuerte abrazo en reconocimiento de nuestra buena amistad.

Lucía

6. Carta que felicita a un amigo por su ascenso

Octubre 21 de 19____

Estimado Sr. González:

Me permito felicitarle por su merecido ascenso al cargo de Superintendente de la Compañía.

Estoy seguro que ha sido una decisión acertada, basada en su experiencia y honradez, demostrada a través de años en los diferentes trabajos que le fueron encomendados.

Reciba usted mi más calurosa felicitación, deseándole el éxito que usted merece.

Juan Alonso P.

7. Carta que felicita a un amigo por su ascenso

Querido amigo:

9 de febrero de 19____

No sabes la alegría que me ha causado el saber que al fin te han hecho justicia, habiéndote ascendido en tu trabajo. Yo lo deseaba, lo esperaba y lo sabía, pues quien como tú, persevera y trabaja con responsabilidad y a conciencia, tiene que triunfar tarde o temprano.

Aquí, en casa, se han alegrado todos, empezando por mi suegra, que sabes te tiene mucha simpatía, siguiendo por mi esposa y mis hijos. Hazle saber a tu madre y a los tuyos la felicidad que nos causó la grata nueva.

Salúdame a tu familia y a mis amigos que trabajan contigo y tú recibe un fuerte abrazo, esta vez doblemente, de felicitación y de afecto. Tu amigo de siempre,

Carlos

8. Carta a un matrimonio felicitándole por el advenimiento de un niño

---

Queridos Carlos y Estelita:

10 de noviembre de 19____

¡Con cuánta alegría he tenido noticias del feliz advenimiento de un niño que alegrará vuestro hogar! Un heredero que adquirirá las virtudes de unos padres maravillosos como son ustedes.

Mi esposa no se ha enterado porque está fuera de la ciudad en casa de unos amigos; pero viene a principios de la próxima semana e iremos juntos a conocer a esa criatura, que ha de ser tan bella como es su madre.

Reciban los dos un fuerte abrazo de nosotros y una felicitación sincera de vuestro invariable amigo.

José

9. Carta a un matrimonio felicitándole por el aniversario de su boda

---

el 14 de febrero de 19____

Sr. Domingo García y Sra.
Calle Vergel, 27
Cuernavaca, Morelos

Queridos amigos:

Tanto a mi mujer como a mí no se nos puede olvidar que hoy celebran las bodas de plata de su matrimonio. ¡Cómo pasa el tiempo! Aún recordamos aquel venturoso día de su enlace. ¡Veinticinco años de continua luna de miel!

Nosotros llevamos ya veintiocho y nos pasa igual que a ustedes, por eso no queremos dejar de enviarles un cariñoso recuerdo y un pequeño regalo como muestra de nuestra mutua simpatía y afecto indeleble, que se aumenta por días.

Reciban todo el cariño de nosotros dos y que Dios les conceda una eterna luna de miel en compañía de sus hijos.

Saben que los queremos de veras,

Juan Pérez y Sra.

10. Carta de felicitación por una graduación

---

15 de junio de 19____

Querida Mariela:

Hoy he recibido la noticia de tu graduación, por lo que te deseo muchas felicidades y que tengas éxito en el ejercicio de tu profesión.

Recuerda que, al salir de la Universidad, se efectúa el cambio más radical en la vida de uno, ya que nos alejamos de todos los compañeros de años y comienza el duro luchar, por sí sola, con personas extrañas, en un mundo nuevo para uno.

Muchas felicidades y buena suerte te desea tu amigo,

Julio

11. Carta que acepta una invitación para una cena

Abril 2 de 19____

Estimado Juan:

He recibido tu participación para la cena que se efectuará en tu casa el próximo lunes 13. Es para mí motivo de satisfacción asistir a la misma, ya que podremos charlar y, a la vez, saborear los deliciosos platillos que en otras oportunidades he tenido el placer de probar.

Te agradezco tu atención. Recibe un fuerte abrazo de tu amigo,

Pedro

12. Carta de invitación

---

17 de julio, 19____

Querida Natalia:

En nombre de mis papás, hermanos y en el mío propio, te escribo para suplicarte que pases las vacaciones aquí con nosotros. Ya sabes que siempre disfrutamos de tu compañía.

En este pueblecito cerca del mar pasamos la mayor parte del día en la playa o en el prado, gozando lo indecible. Hace un tiempo magnífico.

La casa es espaciosa y, aunque sin grandes refinamientos, tenemos lo suficiente para vivir de una manera confortable.

Esperamos una pronta respuesta comunicándonos día y hora de llegada para esperarte en el aeropuerto en Santander, a unos 50 kilómetros de aquí. Mientras, recibe los saludos de toda la familia y un abrazo muy fuerte de tu amiga,

Dorotea

13. Respuesta a la anterior, aceptando la invitación

---

el 25 de julio de 19___

Queridísima Dorotea:

No puedo expresarte cuánto agradezco tu amable carta, que llegó en un momento muy oportuno. Precisamente estaba tratando de decidir qué planes hacer para las vacaciones. ¡Tengo tantas ganas de dejar Madrid y su pegajoso calor por unos días!

Saldré, para reunirme con vosotros, el próximo viernes, y llegaré a Santander, Dios mediante, a las 11,25 de la mañana.

Con mis más cariñosos recuerdos para tus padres y hermanos, te manda abrazos tu amiga,

Natalia

14. Invitación a una fiesta

Mayo 23 de 19___

Querida Lolita:

El día 17 del próximo mes de junio tendrá lugar en nuestra finca una fiesta para celebrar el día de mi Santo. Invitamos a todas nuestras amistades íntimas, y ya sabes que te cuento entre mis más queridas amigas.

Todos los invitados volverán a sus casas de madrugada una vez terminado el baile, pero como a ti no te sería posible, por vivir tan lejos de la finca, me dicen mis papás que te ruegue te quedes con nosotros esa noche.

Esperando que aceptes mi invitación, te abraza,

Luisa

15. Respuesta a la anterior, aceptando la invitación

---

28 de mayo de 19____

Mi querida Luisa:

¿Cómo podría yo faltar a tu fiesta? No sabes la ilusión que me hace estar presente en tal ocasión, y acepto complacida la invitación de quedarme con ustedes esa noche. Estoy segura de que nos divertiremos muchísimo.

Manifiesta a tus padres mi profundo agradecimiento, y hasta muy pronto, te manda abrazos,

Solita

16. Invitación para un fin de semana

Abril 15, 19____

Querida Adelina:

Deseo que te encuentres bien de salud, como felizmente lo estoy yo.

Para el próximo fin de semana quiero invitarle a pasarlo en mi casa, y de ese modo podrás descansar un poco de las tareas docentes que te tienen abrumada todo el año. No puedes imaginar lo feliz que me sentiría si pudiera revivir, aunque fuera unas horas, las largas conversaciones y paseos de nuestros días de estudiantes.

Avísame si vienes. Te esperaré en el aeropuerto. Con un fuerte abrazo, me despido hasta muy pronto,

Isabel

17. Respuesta a la anterior, aceptando la invitación

---

el 17 de abril de 19____

Querida Isabel:

Imagina la alegría que me causó tu cartita. No bien la recibí, pospuse todos los otros proyectos programados para este fin de semana. Había pensado pasarlo con mis primas en Nueva York. Pero la idea de recordar nuestra vida de estudiantes en la Universidad, charlar sobre nuestras cosas y pasear en esa bella ciudad, colmaron la decisión de aceptar tu generosa hospitalidad.

Llegaré en el avión del sábado, a las 16,30 TWA vuelo número 410.

Hasta nuestro feliz encuentro, me despido con un abrazo,

Adelina

18. Respuesta al número 16, aceptando la invitación

---

18 de abril de 19____

Querida Isabel:

Tus noticias, tan oportunas como gratas, me mueven a agradecerte el que me hayas tenido presente. Acepto encantada la invitación, y puedes esperarme segura de que disfrutaremos de unos días llenos de alegría, en los cuales habrá de colmarse nuestra ansiedad por conocer todo cuanto hemos hecho durante este año y todo lo que tenemos proyectado para el venidero.

Espero llegar el próximo sábado a las 18 horas en el avión de Luth-Argentina, vuelo número 83.

Te abraza mucho,

Adelina

19. Respuesta al número 16, mandando sus excusas

---

17 de abril de 19____

Querida Isabel:

Acabo de recibir tu cariñosa invitación. Lamentablemente no puedo alejarme de aquí, pues debo cumplir con un trabajo urgente que me encomendó la Dirección de Enseñanza Superior.

No obstante, y segura de que en otra oportunidad podré complacerte y gozar del descanso que tan generosamente me brindas, recibe las expresiones de mi mejor gratitud y el abrazo de tu invariable amiga,

Adelina

20. Carta para no aceptar una invitación

Junio 5 de 19____

Querida Dolores:

Con mucha alegría recibí tu cartita invitándome a pasar un mes contigo y tu familia. Si yo dominara el inglés como tú el castellano, me aventuraría a visitarte y conocer tu maravilloso país. Pero para esa dicha falta bastante. Además, mi mamá no está bien; se rompió un brazo y me necesita aquí.

Piensa que aquí tienes siempre un hogar que te espera. Todos te recordamos con cariño y esperamos verte de nuevo con nosotros.

Te abraza mucho, en nombre de todos,

Leticia

21. Carta a una amiga después de su visita

---

8 de enero, 19____

Querida amiga Ana:

Tu carta nos llenó de alegría al saberte en tu hogar feliz. Nosotros aquí te echamos de menos, ya que nos quedó una vinculación espiritual indestructible hacia tu persona. El corto

tiempo que pasamos reunidos contigo fue un grato placer.
Quisiéramos conservar esta verdadera amistad a través del tiempo.
Espero que vuelvas aquí el verano que viene; aquí, a nuestra casa, que siempre será la tuya.
Recibe los recuerdos de todos y un abrazo muy fuerte de tu amiga, que lo es de verdad,

María

22. Carta que expresa agradecimiento por hospitalidad

Agosto 24 de 19____

Estimada Matilde:

Te envío estas líneas para expresarte mi profunda gratitud por todas las atenciones que me dispensaste durante mi estancia en tu casa.

He de participarte que pasé unos días maravillosos, los cuales siempre recordaré con alegría. Hoy comienzo nuevamente mi trabajo y me resulta algo difícil romper la inercia después de tan hermosas vacaciones.

Siempre te estaré agradecida, esperando que pronto nos visites y nos des la oportunidad de colmarte de todas las atenciones que tú mereces.

Cariños,

Susana

23. Carta para pedir un favor

17 de noviembre, 19____

Querida Josefina:

El verano pasado, al salir de tu magnífica ciudad, me dijiste que si algún día me pudieras servir en algo tendrías mucho gusto en efectuarlo. Por eso me atrevo a dirigirte estas líneas para pedirte este favor.

¿Recuerdas la pequeña tienda cerca de la Basílica donde se venden cosas de costura? Vimos allá unas blusas preciosas. A nosotras dos nos gustó mucho una blanca muy bordada de varios colores en la parte delantera. Si bien me acuerdo, costaba el equivalente de $19,00 (US). Te adjunto un cheque por $21,00, y espero que no te sea molestia comprármela. Te lo agradeceré tanto. Si los gastos de envío son más de dos dólares, te enviaré muy pronto la diferencia debida.

Recuerdos cariñosos a tu familia. Te manda un abrazo muy fuerte tu amiga,

Rosalina

24. Respuesta a la carta anterior

29 de noviembre de 19____

Querida Rosalina:

Antes que nada, fue un verdadero placer comprarte la blusa y siempre lo será hacerte cualquier cosa que me pidas. Te enviaré la blusa esta mañana, ¡y por avión! La tienda rebajó los precios, y pude comprar la blusa y pagar los gastos de expedición por avión con el dinero que me enviaste. ¡Qué suerte! Espero que estés completamente satisfecha con ella; en verdad es preciosísima.

Estamos todos bien. La vida continúa como cuando estuviste aquí. Mis padres y mis hermanos te mandan recuerdos y esperamos volver a verte aquí otro verano.

Recibe un abrazo muy fuerte de tu amiga,

Josefina

25. Carta a un amigo que está enfermo

Febrero 2, 19____

Querido Carlos:

Me acabo de enterar de que has ingresado en la clínica porque te encuentras indispuesto. Dios quiera que no sea nada y que pronto te recuperes. En cuanto se te pueda visitar, iré a charlar contigo y a darte un abrazo fraterno.

Hasta pronto y recibe el cariño de

Felipe

26. Carta a un amigo que acaba de operarse de apendicitis

---

5 de marzo de 19____

Querido Don Carlos:

Ayer me enteré, cuando le llamé por teléfono a su oficina, de que había sufrido una operación de apendicitis. No sabe cuánto me conmovió la noticia, pues no tenía la menor idea de que estuviera usted enfermo; de haberlo sabido antes, hubiera ido a verlo.

Desgraciadamente, este fin de semana lo tengo muy ocupado, y eso me priva del placer de visitarle, aunque me tranquiliza el saber que ya pasó el peligro y que usted ya se encuentra casi bien. ¡Cuánto me alegro!

Hago votos por que se restablezca lo más pronto posible.

Reciba un saludo de

Ricardo Misol

27. Carta para pedir datos

Abril 2, 19____

Querido Felipe:

El mes que viene, un amigo mío y yo pensamos pasar una semana en Barcelona. Si no estoy equivocado, tú enseñaste allá durante tres años antes de trasladarte a Madrid el año pasado. Queremos visitar unas escuelas públicas modernas. ¿Con quién debemos ponernos en contacto para hacer esta visita? Te agradeceré toda la ayuda que puedas prestarme.

Al salir de Barcelona, esperamos ir a Madrid. Será gran placer verte otra vez y renovar nuestra amistad, que estimo tanto.

Nos gustaría mucho que cenaras con nosotros el jueves, el 23, a las diez. Nos alojaremos en el Hotel Pintor, Goya, 17.

Recibe un abrazo de tu amigo,

Pedro

28. Carta a un amigo con respecto a un apartamento

---

23 de agosto de 19＿＿
Querido Felipe:

Mis padres me han dado permiso para estudiar en México el año que viene. Claro que estoy muy entusiasmado y apenas puedo esperar hasta que salga para México.

Si es posible, prefiero vivir en un apartamento amueblado cerca de la Universidad. ¿Me haces el favor de mirar los anuncios y comunicarme si hay uno que parezca ser lo que busco? Debe tener calefacción y baño particular. Te lo agradeceré mucho más de lo que puedo expresarte.

Estoy muy ilusionado con verte otra vez. Hace mucho tiempo que no nos reunimos. Siempre me alegra tu compañía, y pienso con gran placer en el año que viene, porque tendré la oportunidad de charlar contigo frecuentemente.

Recibe un saludo afectuoso de tu amigo, que lo es de verdad,

Roberto

29. Carta de pésame

Enero 11, 19＿＿
Querida Luisa:

Acabo de enterarme de la muerte de tu distinguido papá y quiero expresarte mi más sentido pésame. Es una gran tragedia para ti, tu madre y toda la familia. Lo es también para la ciudad porque él era un abogado y catedrático de la más alta consideración e integridad que contaba con la estimación de todos.

Yo sabía que había sufrido un ataque al corazón, pero creía que estaba mejorándose. ¡Tenía tanto apego a la vida! Es difícil conformarse con que haya fallecido.

Te ruego des a tu familia, y especialmente a tu madre, mi profundo pésame. Te abraza con cariño tu amiga,

Marta

30. Carta de pésame

---

12 de mayo, 19——

Querida amiga:

¡Con qué pena me enteré del fallecimiento de tu marido! No encuentro palabras para mitigar tu dolor, pero ten la seguridad de que comparto tu pena de una manera muy viva. Me doy cuenta del vacío inmenso en tu casa en estos días tan tristes.

En mis oraciones pediré el descanso eterno para él, y para ti la fuerza necesaria para sobrellevar la pérdida que ahora te parece insoportable.

Te abraza cariñosamente,

María

31. Carta de pésame

---

el 3 de febrero de 19——

Apreciado amigo:

Nuestro común amigo José García me acaba de comunicar la infausta noticia de la muerte de tu amada madre. Comprendo profundamente la pena que te agobia.

Ruego a Dios que acoja su alma y que te conceda la cristiana aceptación de este golpe tan rudo.

Cuenta con todo el cariño y simpatía de tu amigo,

Carlos

32. Carta de "pen pal"

---

21 de febrero de 19____

Miss Louise Tucker
1230 South Oak Street
Des Moines, Iowa 50310

Querida Louise:

Quisiera primero que nada expresarle el gusto que me da tenerle a usted para correspondernos. Hay tantas cosas que quiero contarle que creo que lo mejor es empezar por el principio: mi nombre es Lorena Núñez Salas y soy residente de la provincia de Heredia en Costa Rica.

Soy estudiante de secundaria y asisto al Liceo de Belén en donde curso el décimo año. Como a la mayoría de mis compañeros de colegio, a mi me encanta el colegio por el aspecto social que ofrece y ¡hay tantos chicos guapos! Pero también me gusta estudiar.

El pueblo donde vivo es pequeño, pero su pequeñez se compensa con lo picarezca de la gente. ¡Hasta los perros saben divertirse de lo lindo, persiguiendo a un* que otro peatón!

También quiero contarle acerca de mi familia porque de no hacerlo, esta carta sería incompleta. Tengo tres hermanos: Jaime, Juan Carlos y Henry; y una hermana, Norma. Nos gusta mucho bromear, salir juntos, y ¿por qué no? ¡pelear! Mi madre es ama de casa y mi padre trabaja para la Scott Paper Company. (¡Sí, la misma que tiene sede en Pennsylvania!)

Bueno, hay otras muchas cosas que contar pero mejor espero a que me conteste usted esta carta, contándome acerca de todo lo que más les gusta y disgusta.

Hasta entonces,

Se despide,

Lorena

P.D. Espero que usted sea tan "hablantina" como yo.

*uno

33. Invitación de boda

Manuel Gómez Escobedo

María Luisa Ramos de Gómez

Eduardo García Aguirre

Estela Garza de García

participan el enlace de sus hijos

Ana y Roberto

Y se complacen en invitar a Ud(s). a la Ceremonia Religiosa que tendrá lugar el día 5 del presente, a las 19:30 horas, en la Parroquia Emperatriz de América, ubicada en Mercaderes No. 99, Col. San José Insurgentes, dignándose impartir la bendición el P. Francisco J. Chávez Santillán (A.A.).

México, D. F., diciembre de 19____

34. Invitación de boda

Magdalena Zamora Martín
Vda. de Castillo

José Fradejas Pastor
Isabel Sánchez García

Tienen el gusto de participar a Ud. el próximo enlace de sus hijos

Vincente Miguel y María Isabel

*e invitarle a la ceremonia religiosa que se celebrará, D. m., el
día 15 de Octubre, a las 6 de la tarde, en la Real Basílica de
Nuestra Señora de los Desamparados*

Cock-tail:
Restaurante Viveros

Valencia, 19____

Por lo general, en los países de habla española no es necesario aceptar o no aceptar una invitación de boda como lo es en EE.UU. Cualquier respuesta hecha puede ser por carta (véase las respuestas a continuación), al encontrar por casualidad a los padres de los novios, o por teléfono.

35. Carta de aceptación

19 de mayo de 19____

Mi querido Manuel:

Mi esposa y yo recibimos tu atenta invitación para la boda de tu hija, Ana, atención que te agradecemos mucho.

Nos alegramos de aceptarla con verdadero gusto. Estamos seguros de que Ana será una novia lindísima y que la ocasión será una de gran alegría.

Anticipando con gran placer poder verlos, quedo con afecto,

Antonio

36. Carta de excusa

19 de mayo de 19____

Mi querido Manuel:

Mi esposa y yo te agradecemos mucho tu atenta invitación para la boda de tu hija, Ana.

Lamentamos informarles que no podremos asistir a la misma porque salimos mañana para Europa. Nos damos cuenta de que la ocasión será de gran alegría y sentimos no poder celebrarla con ustedes.

Haz llegar a tu esposa y a los García nuestros cariñosos saludos, y a los novios nuestros mejores deseos de una vida llena de felicidad.

Tu amigo,

Antonio

37. Carta de excusa

---

                                           19 de mayo de 19____
Queridos amigos:

   Lamentamos mucho no poder asistir a la ceremonia de enlace de
Marina y Ricardo por tener concertado un compromiso anterior.
   Les rogamos aceptar nuestras disculpas por nuestra ausencia y
expresarles a los novios nuestros mejores deseos de una vida feliz.
   Cariños a todos.

                         Pedro y Concha

Frases y expresiones útiles

A. Para tarjetas de pésame

1. Mi cariño los acompaña en estas amargas horas.

2. Reciban ustedes y familia la expresión de nuestra condolencia.

3. En nombre propio y de toda mi familia les mando el más sincero
pésame.

B. Para expresar felicitaciones de Navidad

1. Feliz Navidad y próspero Año Nuevo.

2. Alegría y paz para la Navidad y un Año Nuevo próspero y
feliz.

3. Que la paz y la alegría de Navidad perduren todo el Año
Nuevo.

4. Que los Reyes de Oriente te traigan muchos dones.

5. Que el espíritu de la Navidad perdure el año venidero.

6. Felices Navidades y venturoso año 19____.

7. Cordialmente le deseo felices fiestas y un año lleno de prosperidades.

8. Con los mejores deseos para Navidad y Año Nuevo.

9. Que la alegría de Navidad los acompañe en estos días y durante todo el año.

10. Que la felicidad lo acompañe estos días y siempre.

11. Que el amor y felicidad lleguen para ti en Navidad y durante todo el año.

12. Cuando las festividades de Navidad y Año Nuevo inunden de alegría el mundo, nuestros pensamientos estarán con ustedes para desearles la más suprema felicidad.

13. Con los mejores y más cariñosos deseos para unas Pascuas llenas de alegría y para un Año Nuevo colmado de felicidad.

14. Que Dios colme de bendiciones y felicidad estas Pascuas Navideñas.

15. Que este cordial mensaje encierre dichas sin límite en las presentes Pascuas y las más risueñas esperanzas para el Año Nuevo.

16. Son deseos fervientes de que sean ustedes muy felices y les brinde el Año Nuevo un dichoso porvenir.

Ejercicios

Los datos suministrados en los párrafos a continuación son mínimos. El estudiante puede añadir otros detalles de su propia invención.

1. Usted hizo una visita de tres días a un amigo y a su familia, los Alvarez, que viven en México. Escríbale a la madre de su amigo expresando su agradecimiento por todo lo que ellos hicieron por usted. (Ustedes nadaron, asistieron al teatro y fueron a una corrida de toros.)

2. Usted piensa estar de vacaciones en Buenos Aires durante una semana y quiere comer en unos lugares exclusivos y típicos. Escríbale a su amigo en esa ciudad pidiendo informes.

3. Su buen amigo, David Allen, estará en Guanajuato, Gto., México, durante una semana el próximo mes de junio. Viaja solo, tiene veinte años y ha estudiado español dos años en la Universidad. Usted conoce muy bien a Carlos Cana, que vive en Guanajuato. Escríbale pidiendo que ayude a David Allen. David ya tiene reservada una habitación en el Hotel Castilla.

4. Escriba a Carlos Cana después de la visita de David Allen, expresando su agradecimiento.

5. Usted es David Allen. Escríbale a Carlos Cana para darle las gracias por su hospitalidad.

6. Usted piensa estar en Santiago durante una semana y quiere comer en unos restaurantes típicos y de precios módicos. Escríbale a su amigo en esa ciudad pidiendo informes.

7. Escríbale a su buen amigo, gerente del Banco de Hispania, Avenida López, 14, México, D. F., para enterarle que su primo llegará a México el 20 del corriente y pídale que le preste toda la ayuda que pueda durante su estancia.

8. Escríbales a los Rueda para felicitarlos por el décimo aniversario de su boda.

9. La madre de su amiga acaba de morir. Escríbale a su amigo y exprésele su pésame.

10. Operaron a su amigo de apendicitis. Escríbale.

11. Su amiga ha dado a luz a un varón. Escríbale felicitándola.

12. Su amiga está enferma de gripe. Escríbale.

13. Su amigo piensa hacer un viaje. Escríbale expresando sus deseos de que tenga un buen viaje.

14. Usted quiere tener la receta de uno de los platos que se sirven con frecuencia en la casa de sus buenos amigos. Escríbale una carta a la señora pidiendo la receta.

15. Escriba una carta de "pen pal" a Srta. Isabel Gómez, Turia, 63, Sevilla, 41011, España.

Abreviaturas

afmo. afectísimo
Apdo. Apartado
atto. atento
Avda., Ave. Avenida
cc copia al carbón
CIA, cía compañía
c/u cada uno
D., Dⁿ. Don
Dᵃ. Doña
D.F. Distrito Federal
D.m. Dios mediante
dls. dólares
EE.UU. Estados Unidos
E. P. D. en paz descanse
 (*R.I.P.*)
fmdo. firmado
fra. factura
gnte. gerente
gte. gerente
Hnos. hermanos
km. kilómetro
Lic. Licenciado
m/n. moneda nacional
M. S., M. SS. manuscrito, manuscritos
Núm. Número
pág. página
P. D. posdata
pdo. pasado

p. ej. por ejemplo
ppdo., p. pdo. próximo pasado
ps. pesos
pta., ptas. peseta, pesetas
Q.B.S.M., q.b.s.m. que besa su mano
Q.E.S.M., q.e.s.m. que estrecha su mano
rte. remitente
S.A. Sociedad Anónima
s/c su cargo, su cuenta
S/C su casa
S.E. u O., s.e.u.o. Salvo error u omisión (*errors and omissions excepted*)
s/f su favor
s/g su giro
S.L. Sociedad Limitada
Soc. sociedad
Sr. señor
Sra. señora
Sres. señores
Srta. señorita
S. S. Su Santidad
S. S., s. s. seguro servidor
Sto., Sta., Santo, Santa
vda. viuda
Vto. Bno. Visto Bueno (*checked and approved*)

Otra información útil

Unidades monetarias de los países de habla española

Bolivia
Chile
Colombia
Cuba
Filipinas
México
República Dominicana
Uruguay
} peso

El Salvador
Costa Rica
} colón

Argentina	austral
Ecuador	sucre
España	peseta
Guatemala	quetzal
Honduras	lempira
Nicaragua	córdoba
Panamá	balboa
Paraguay	guaraní
Perú	sol
Puerto Rico	dólar
Venezuela	bolívar

Centígrado—Fahrenheit

Para convertir Celsius (centígrado) en Fahrenheit: C. $\times$ 1,8 + 32

Ejemplo: 28°C. $\times$ 1,8 = 50,4 + 32 = 82,4°F.

Para convertir Fahrenheit en Celsius: F. $-32 \times 5 \div 9$

Ejemplo: 78°F. $-$ 32 = 46 $\times$ 5 = 230 $\div$ 9 = 25,5°C.

Vocabulario
Español-Inglés

En este vocabulario se suprimen los artículos, pronombres personales, diminutivos, superlativos, números cardinales, formas del verbo con excepción del infinitivo, y algunas de las palabras de ortografía semejante y significado idéntico en inglés, por ejemplo, *gramático, básico, observación,* etc.

No se indica el género de nombres si terminan en *-o* u *-or* (el masculino) y en *-a, -ión,* o *-ad* (el femenino).

Se emplean las siguientes abreviaturas:

adj.	adjetivo	*n.*	nombre
adv.	adverbio	*pl.*	plural
com.	comercial	*pp.*	participio pasivo
f.	femenino	*prep.*	preposición
fig.	figurado	*pron.*	pronombre
m.	masculino	*tip.*	tipográfico

A

abogado lawyer
abonarse to subscribe to (*a publication*)
abono subscription **abono a un diario** newspaper subscription
abrazar to embrace
abreviar to abbreviate
abreviatura abbreviation
abrumado *(adj.)* overwhelmed
acabar de (+ *infin.*) to have just
acertado *(adj./pp.)* fit, proper, wise
aclarar to clarify
acoger to receive; to accept; to protect
actual *(adj.)* present
acusar to acknowledge
adelantado *(adj./pp.)* advanced
adelante: en adelante from now on
adjuntar to enclose (*send enclosed*)

advenimiento arrival; coming
afectuoso *(adj.)* affectionate
agobiar to overwhelm; to oppress
agradecer to thank for, to acknowledge gratefully, to appreciate
agradecimiento appreciation
agrado pleasure; liking
agregar to add
aislar to isolate
ajustar to settle; to adjust
alcalde *(m.)* mayor
alegrarse to be glad
alegría happiness, joy
alejarse to move away from
alma soul, spirit
almacén *(m.)* store
almirante *(m.)* admiral
alojar to house, to lodge
alquilar to rent
alquiler *(m.)* rent; rental

alteza highness *(royalty)*
ama: ama de casa housewife
amabilidad amiability, friendliness
ambiente *(m.)* atmosphere; air
ambiguo *(adj.)* ambiguous, vague
ambos *(adj./pron.)* both
amistad friendship
amueblar to furnish
apartamento amueblado furnished apartment
anexo *(n.)* enclosure *(in a letter)*
ansiedad worry, anxiety
antefirma *(f.)* company name
anular to cancel
anuncio advertisement; announcement
apellido surname, family name
apego affection; interest
apenas *(adv.)* hardly
apresurarse to hasten
aprovechar to make use of, to utilize **aprovechar la ocasión** to take advantage of the opportunity
arbitrar to adjudge; to contrive means and expedients
arreglar to arrange
ascenso promotion
asegurar to assure
asistir a to attend
asunto matter, business
atender to attend to, to take care of
atenta: su atenta (atta.) de your letter of
atestiguar to attest, to vouch for
aumentar to increase
aventurarse a to dare to, to venture to
avisar to advise; to inform
ayuda help, assistance
azulejo tile

B

baile *(m.)* dance
bastar to suffice, to be enough
bien: no bien as soon as
boda wedding **bodas de plata** silver wedding
boletín *(m.)* bulletin
border to embroider
brevedad brevity, shortness

brindar to offer; to present
bromear to joke, to make fun
bronce *(m.)* bronze; brass
buscar to seek, to look for

C

calefacción heat; heating
calidad quality
calor heat
caluroso *(adj.)* warm, hearty, cordial
cantidad amount, quantity
capacidad ability
cargar to charge
cargo responsibility; office
cariñoso *(adj.)* affectionate
catedrático university professor
cenar to eat supper
certificado *(adj./pp.)* registered
cita quotation
cláusula clause
cobrar to cash; to charge
colegio school
colmar to fill to the brim **colmar de** *(fig.)* to shower with, overwhelm with *(gifts, honors, etc.)*
colocar to place; to locate
combustible *(m.)* fuel
compartir to share, to divide
compendiar to condense, to summarize
complacer to please; to oblige
componer to compose; to constitute
compromiso commitment
comunicar to communicate
conceder to give, to grant, to concede
concertar to conclude *(an agreement)*; to agree
conmover to affect; to upset
conseguir to obtain; to achieve
consonante *(f.)* consonant
constar de to consist of, to be composed of
contar to count; to tell, to relate
coronel *(m.)* colonel
correo mail **a vuelta de correo** by return mail **por correo aparte** under separate cover
correr to run; to be accepted; to pass

corriente *(adj.)* current; standard; acceptable
costura   needlework
crear   to create
cubierto *(adj./pp.)*   filled; covered
cuenta   bill; account   *darse cuenta de* to realize   *tener en cuenta* to take into account
cuidado   care, attention
cumplir   to complete, to fulfill; to fill out
cupo   quota; capacity
curso   course (*in school*)
curso: en curso   in progress, in process   *el mes en curso* the current month

CH

charlar   to chat
chófer *(m.)*   driver; chauffeur

D

debidamente *(adv.)*   duly
debido *(adj./pp.)*   due, owing
delantero *(adj.)*   front
demás *(adj./pron.):* *estar demás* to be superfluous
demostrar   to demonstrate; to show
dependiente *(m. y f.)*   clerk
derechos   fees; dues; taxes   *derechos de entrada* import duties *derechos de importación* import duties
descansar   to rest
descanso   rest
descuento   discount
desgraciadamente *(adv.)* unfortunately
despachar   to dispatch, to ship, to send
despedida   closing (*of a letter*)
despedirse de   to say good-bye to
destinatario   addressee
devolver   to return
dicha   good fortune, good luck
dignarse   to deign to, to be so good as to
dirección   address
disfrutar (con o **en)**   to take pleasure in
dispensar   to give, to grant; to dispense

disponible *(adj.)*   available
distinto *(adj.)*   different
divertirse   to have a good time
docente *(adj.)*   teaching; educational
dolor *(m.)*   pain, ache; sorrow, grief
ducha   shower   *baño de ducha* showerbath
duro *(adj.)*   hard; rough, harsh

E

echar de menos   to miss
edificio   building, edifice
editar   to publish
efectivamente *(adv.)*   actually
efectivo: no hacer efectivo to stop payment (*on a check*)
efectuar   to bring about, to effect   *efectuarse* to take place
embajador   ambassador
embalaje *(m.)*   packing
embarque *(m.):* **conocimiento de embarque**   bill of lading
emplear   to use; to employ
empleo   employment
empresa   company, enterprise
encabezamiento   heading (*of a letter*)
encabezar   to put a heading to   *la dirección que encabeza estas líneas* the above address
encantar   to delight, to charm
encomendar   to entrust, to commend
encontrar   to find; to encounter   *encontrarse* to be; to find oneself
encuentro   meeting
enlace *(m.)*   joining, linking
enseñar   to teach
enterarse de   to find out about, to become informed about
entregar   to deliver
entrevista   interview
enviar   to send
envío   shipment
equivocado *(adj./pp.)*   mistaken
esmero   careful attention   *con el mayor esmero* with great care
escoger   to choose

escolar scholastic **año**
 escolar school year
estación season
estancia stay, sojourn
estilo style **por el estilo** like
 that
estimar to esteem, to respect
estrechar to tighten (**e.g.**, *the*
 bonds of friendship); to
 strengthen (*business relations*)
evitar to avoid
excusar to decline
expedir to dispatch; to issue; to
 draw up
exigir to require; to demand
éxito success
explicativo *(adj.)* explanatory
extranjero: en el extranjero
 abroad
extraño *(adj.)* strange; foreign
extraño *(n.)* stranger

F

fábrica factory
fabricar to manufacture
factura invoice, bill
facultad faculty; school (*of a*
 university)
faltar to be absent; to be
 missing; to lack
fallecer to die
fecha date
felicidad happiness
felicitar to congratulate
feliz *(adj.)* happy; fortunate
figurar to figure; to represent
fin *(m.)* end; purpose **fin de**
 semana weekend
finca ranch; country house
firma signature
folleto pamphlet, brochure,
 booklet

G

ganas: tener ganas de to want
 very much
gasto expense
gemelo *(adj./n.)* twin **camas**
 gemelas twin beds
gerente *(m.)* manager
giro draft (*com.*); bill of
 exchange
golpe *(m.)* blow, punch
gozar to enjoy

grato *(adj.)* pleasing, pleasant;
 grateful
guapo *(adj.)* handsome
guión *(m.)* hyphen

H

habitación room
heredero heir
hogar *(m.)* hearth, fireside; home
hoja leaf; sheet **hoja de**
 papel sheet of paper
horario schedule
hospedaje *(m.)* board and
 lodging

I

ilusión excitement, thrill; high
 hopes
ilusionar to thrill
importe *(m.)* amount, value
impreso printed, imprinted
incluir to enclose; to include
indecible *(adj.)* unutterable,
 unspeakable
indeleble *(adj.)* indelible
indispuesto *(adj.)* ill
infausta ill-fated, unlucky
ingeniería engineering **ingeniería**
 electrónica electrical
 engineering
ingeniero engineer
ingresar to be admitted **ingresar**
 en to enter; to be admitted to
inscripción enrollment,
 registration
insoportable *(adj.)* unbearable

J

junto *(adj.)* joined; together

L

lamentar to lament
largo *(adj.)* long
largo *(m.)* length
ley *(f.)* law
licencia: licencia de
 importación import license
luchar to struggle, to fight
luna moon **luna de**
 miel honeymoon

LL

lleno *(adj.)* full

M

madrugada dawn, early morning
mandar to send; to order
manifestar to state; to reveal
mar *(m.)* sea
matricularse to register, to
  enroll
mayúscula capital letter *(tip.)*
mecanografía typewriting
mecanografiar to type
mediante *(prep.)* by means of
  Dios mediante God willing
membrete *(m.)* letterhead
menos: a menos que unless
mensajero messenger
mercado market
mercancía merchandise
merecer to deserve
milla mile
minúscula small letter *(tip.)*
mitigar to mitigate, to allay
moneda coin
motivo reason; occasion
muebles *(m. pl.)* furniture
muestra sample; indication
multa fine

N

natural *(m. y f.)* native
nobleza nobility
noticia *(piece of)* news

O

obstante: no obstante
  nevertheless
oferta offer
opinar to think, to judge
oración prayer
orden *(f.)* order, command
orden *(m.)* order, harmony ***orden***
  civil civil government
ortografía spelling
ortográfico *(adj.)* orthographic

P

pago payment ***pago***
  anticipado (adelantado)
  prepayment
paquete *(m.)* package
parecer to seem

parejo *(adj.)* equal; even
participar to inform, to notify
particular *(adj.)* private
partir: a partir de beginning with
peatón *(m.)* pedestrian
pedido order
pegajoso *(adj.)* sticky
pelear to fight; to quarrel
peligro danger
pena grief, sorrow; anxiety
pendiente *(m.)* earring
pendiente *(adj.)* pending
pensión completa room and
  board
pequeñez *(f.)* smallness
pérdida loss
periódico newspaper
permanecer to stay, to remain
perseguir to pursue
pésame *(m.)* condolence
picarezco *(adj.)* picaresque,
  roguish
placer *(m.)* pleasure
platillo plate; saucer
playa beach
plaza space; plaza; job, position
pleno *(adj.)* full
póliza: póliza de seguro
  insurance policy
porcentaje *(m.)* percentage
prado promenade; walk
prestar to loan; to give, to
  render
principio beginning
privar to deprive; to prohibit
probar to try; to taste; to
  sample
propio *(adj.)* proper
puesto position
pulgada inch

Q

quedar to remain; to be left or
  remaining
quincenal *(adj.)* twice monthly
quiosco kiosk, stand
  (newsstand)

R

raya dash
razón *(f.)* reason ***razón***
  social firm name
real *(adj.)* royal
realizar to carry out, to perform

rebajar   to reduce; to lower
reclamar   to demand
recorrer   to travel over; to go through
recorrido   distance travelled
rector   president (*of a university*)
redactar   to write up; to put into words
redactor   writer
redondo *(adj.)*   round
reembolzo   refund
regalo   gift
regir   to rule, govern; to control
regla   rule
reglamentación   regulation
reglamentario *(adj.)*   regulatory
regresar   to return
reiterar   to repeat
remitente *(m.)*   sender
remitir   to send, to remit
rendir   to render
renglón *(m.)*   line (*written or printed*)
requisito   requirement
resquebrajar   to crack, to split
retraso   delay
reunirse con   to join; to meet with
revista   magazine
rogar   to request; to beg, to implore
romper   to break

S

saborear   to enjoy eating
sagrado *(adj.)*   sacred, holy
saludar   to greet
saludo   salutation, greeting
salud *(f.)*   health
salvo *(prep.)*   except for
sangría   indentation
secundario *(adj.)*   secondary
sede *(f.)*   headquarters
seguro *(adj.)*   certain, sure
seguro *(m.)*   insurance
sentido *(m.)*   sense; meaning
sentido *(adj./pp.)*   deep-felt
sentir   to regret, to be sorry; to feel
señalar   to show, to point out, to indicate
siglo   century; age   *Siglo de Oro*   Golden Age
silabeo   syllabification

simpatía   affection
siguiera *(adv.):* **ni siguiera**   not even
sobre *(m.)*   envelope
sobrellevar   to bear
solicitar   to solicit; to apply for, to request,
solicitud *(f.)*   application; petition
subrayar   to underline
sucesivo *(adj.)*   successive, consecutive   *en lo sucesivo*   in the future
sucursal *(f.) (com.)*   branch, branch office
suegra   mother-in-law
sustantivo   noun

T

tal *(adv.):* **con tal que**   provided that
tarea   task
tasa   rate; tax
tener   to have   *tener el gusto*   to have the pleasure of   *tener ganas de*   to want very much   *tener la bondad de*   please (*in a request*) *tener presente*   to bear in mind
teniente *(m.)*   lientenant
tienda   shop
tilde *(m.; f.)*   tilde (´*over the letter* n)
trasladar   to move
transponer   to transpose
traspapelar   to mislay, to misplace (*letter or document*)
tratamiento   style of address
través *(m.):* **a través de**   through, across

U

ubicar   to be located
unir   to unite
útil *(adj.)*   useful

V

vecino   neighbor
venidero *(adj.)*   future
vencer *(com.)*   to expire; to conquer
venta   sale   *jefe de ventas*   sales manager
venturoso *(adj.)*   lucky, fortunate

verbigracia for example
vigencia: estar en vigencia to
be in force
vigente *(adj.)* effective, in force
vinculación tie, bond
viuda widow
voluntad will
voto votive offering

Vocabulario
Inglés-Español

A

abbreviate abreviar
ability capacidad
abroad en el extranjero
account, bill cuenta
acknowledge acusar
actually efectivamente
add agregar
address *(n.)* dirección; *style of address* tratamiento
address (*v.*) dirigir
addressee destinatario
adjust ajustar
advance payment pago anticipado *o* adelantado
advantage: to take advantage of the opportunity aprovechar la ocasión
advertisement anuncio
advise avisar
agree concertar
ambiguous ambiguo
amount cantidad, importe *(m.)*
application solicitud *(f.)*
apply: to apply for solicitar
appreciate agradecer
appreciation agradecimiento
arrange arreglar
arrival advenimiento
assistance ayuda
assure asegurar
atmosphere ambiente *(m.)*
attend asistir a; *attend to* atender
available disponible
avoid evitar

B

beach playa
bear *(v.)* sobrellevar
beginning *(n.)* principio
beginning: beginning with a partir de

bill of lading conocimiento de embarque
bimonthly quincenal
blow *(n.)* el golpe
bookstore librería
both ambos
branch office sucursal
break romper
brevity brevedad
brochure folleto
bulletin boletín *(m.)*

C

cancel anular
capacity cupo
care: with great care con el mayor esmero
carry out *(perform)* realizar
cash *(v.)* cobrar
century siglo
charge *(v.)* cargar
charm *(v.)*. encantar
chat *(v.)* charlar
choose escoger
clarify aclarar
clerk dependiente *(m. and f.)*
closing *(of a letter)* despedida
commitment compromiso
communicate comunicar
company compañía, empresa
condolence pésame *(m.)*
congratulate felicitar
consist (of) constar (de)
count *(v.)* contar
course curso
cover: under separate cover por correo aparte
covered *(filled)* cubierto
crack *(v.)* resquebrajar

D

dance *(n.)* baile *(m.)*

danger peligro
date *(n.)* fecha
dawn *(n.)* madrugada
delay *(n.)* retraso
deliver entregar
demonstrate demostrar
deprive privar
deserve merecer
die morir, fallecer
discount *(n.)* descuento
draft *(com.)* giro
due debido
duly debidamente

E

earring pendiente (*m.*)
editor redactor
embroider bordar
employment empleo
enclose adjuntar, incluir
engineering ingeniería
enjoy gozar
enroll *(matriculate)* matricularse
enrollment
  (registration) inscripción
enter *(be admitted to)* ingresar
  (en)
entrust encomendar
envelope sobre (*m.*)
equal parejo
excitement ilusión
expense gasto
expire *(subscription)* vencer

F

factory fábrica
feel sentir
fees derechos
fight *(v.)* luchar
figure *(v.)* figurar
fill out *(form)* cumplir, llenar
find: to find out about enterarse
  de
flowery florido
fortunate venturoso
fortune: good fortune dicha
forward: please forward a
  reexpedir
force: to be in force estar en
  vigencia
friendship amistad
full lleno, pleno
furnish amueblar *furnished*
  apartment apartamento

  amueblado
future *(adj.)* venidero

G

gift regalo
glad *(to be)* alegrarse
good-bye: to say
  good-bye despedirse de
grant dispensar; conceder
greet saludar
grief dolor, pena

H

handsome guapo
happiness felicidad, alegría
happy feliz
hard duro
hardly apenas
hasten apresurarse
heading *(n.)* encabezamiento
headquarters sede (*f.*)
health salud (*f.*)
heat *(n.)* calor
heating *(n.)* calefacción
heir heredero
honeymoon *(n.)* luna de miel

I

import duties derechos de
  importación, derechos de
  entrada
import license licencia de
  importación
increase *(v.)* aumentar
indelible indeleble
inform participar, informar
insurance seguro
interview *(n.)* entrevista
invoice *(n.)* factura

J

joining *(n.)* enlace (*m.*)
joke *(v.)* bromear

L

law ley (*f.*)
lawyer abogado
length largo
letterhead membrete (*m.*)
loan *(v.)* prestar
locate colocar
lodge *(v.)* alojar

look (for) buscar
loss pérdida
luck suerte (*f.*)
lucky venturoso

M

magazine revista
mail *(n.)* correo **by return mail** a vuelta de correo
manager gerente (*m.*)
manufacture fabricar
market *(n.)* mercado
matter *(business)* asunto
mayor alcalde (*m.*)
means: by means of mediante
merchandise *(n.)* mercancía
meet (with) reunirse (con)
meeting *(n.)* encuentro
mile milla
misplace *(letter or document)* traspapelar
miss *(v.)* echar de menos
missing: to be missing faltar
mistaken equivocado
mother-in-law suegra
move *(v.)* trasladar **move away** alejarse

N

name *(n.)* apellido (*family*); nombre (*m.*)
native natural
nevertheless no obstante
newspaper periódico
newsstand quiosco

O

obtain conseguir
offer *(v.)* ofrecer(se), brindar
offer *(n.)* oferta
office cargo (*responsibility*); oficina
order *(n.)* pedido
overwhelm agobiar
overwhelmed abrumado

P

package *(n.)* paquete (*m.*)
packing embalaje (*m.*)
percentage porcentaje (*m.*)
pedestrian peatón (*m.*)
picaresque picarezco
place: to take place efectuar

please complacer
pleasing grato
pleasure gusto, placer (*m.*), agrado **take pleasure in** disfrutar (con *o* en)
point: to point (out) señalar
position puesto; plaza; posición
prayer oración
prepayment pago adelantado, pago anticipado
pretty lindo
private particular, privado
promotion ascenso
proper *(fit, wise)* acertado
publish editar, publicar
purse bolsa
pursue perseguir
put: to put in effect poner en vigor

Q

quantity cantidad
quotation cita; (*com.*) cotización

R

ranch finca
rate *(n.)* tasa
reader lector
realize darse cuenta de
reduce rebajar
refund *(n.)* reembolzo
registered certificado
regret *(v.)* sentir
reiterate reiterar
remit remitir
remittance remesa
render rendir
rent *(v.)* alquilar
rent *(n.)* alquiler
require exigir
requirement requisito
rest *(v.)* descansar
rest *(n.)* descanso
retail: to sell retail vender al por menor
return regresar, volver; devolver
room habitación **room and board** pensión completa; hospedaje (*m.*)
rule *(v.)* regir

S

sale venta **sales manager** jefe (*m.*) de ventas

salutation   saludo
sample *(n.)*   muestra
schedule *(n.)*   horario
school   colegio
school year   año escolar
sea   mar (*m.*)
season *(of year)*   estación
secondary   secundario
seem   parecer
send   enviar, despachar, mandar, remitir
sender   remitente (*m.*)
share *(v.)*   compartir
share *(n.)* (*in a company*)   acción
shop *(n.)*   tienda
shower   ducha
signature   firma
sorrow   dolor, pena
soul   alma
space *(place or room)*   plaza, espacio
spelling *(n.)*   ortografía, deletreo
stay *(v.)*   permanecer
stay *(n.)*   estancia
sticky   pegajoso
store *(n.)*   almacén (*m.*)
strange *(foreign)*   extraño
strengthen *(business relations)*   estrechar
style   estilo
success   éxito
summarize   compendiar
supper *(to eat)*   cenar

T

task   tarea
taste *(v.)*   probar
teach   enseñar
thrill (v.)   ilusionar
thrill (n.)   ilusión
through   a través de
tie *(bond)*   vinculación
tile   azulejo
travel *(over or through)*   recorrer
twin   gemelo   ***twin beds***   camas gemelas

U

unbearable   insoportable
unfortunately   desgraciadamente
unlucky   infausto
upset *(emotionally)*   conmover

W

want: to want very much   tener ganas de
warm *(cordial)*   caluroso
wedding   boda   ***silver wedding***   bodas de plata
weekend   fin (*m.*) de semana
wholesale: to sell wholesale   vender al por mayor
worry *(n.)*   ansiedad
write   redactar
writer   redactor

LANGUAGE AND TRAVEL BOOKS
FROM PASSPORT BOOKS

Dictionaries and References
Vox Spanish and English Dictionaries
Harrap's Concise Spanish and English
Dictionary
Harrap's French and English Dictionaries
Klett German and English Dictionary
Harrap's Concise German and English
Dictionary
Everyday American English Dictionary
Beginner's Dictionary of American
English Usage
Diccionario Inglés
El Diccionario del Español Chicano
Diccionario Básico Norteamericano
British/American Language Dictionary
The French Businessmate
The German Businessmate
The Spanish Businessmate
Harrap's Slang Dictionary (French and English)
English Picture Dictionary
French Picture Dictionary
Spanish Picture Dictionary
German Picture Dictionary
Guide to Spanish Idioms
Guide to German Idioms
Guide to French Idioms
Guide to Correspondence in Spanish
Guide to Correspondence in French
Español para los Hispanos
Business Russian
Yes! You Can Learn a Foreign Language
Everyday Japanese
Japanese in Plain English
Korean in Plain English
Robin Hyman's Dictionary of Quotations
NTC's American Idioms Dictionary
Passport's Japan Almanac
Japanese Etiquette and Ethics in
Business
How To Do Business With The Japanese
Korean Etiquette And Ethics In Business

Verb References
Complete Handbook of Spanish Verbs
Spanish Verb Drills
French Verb Drills
German Verb Drills

Grammar References
Spanish Verbs and Essentials of Grammar
Nice 'n Easy Spanish Grammar
French Verbs and Essentials of Grammar
Nice 'n Easy French Grammar
German Verbs and Essentials of Grammar
Nice 'n Easy German Grammar
Italian Verbs and Essentials of Grammar
Essentials of Russian Grammar

Welcome Books
Welcome to Spain
Welcome to France
Welcome to Ancient Greece
Welcome to Ancient Rome

Language Programs
Just Listen 'n Learn: Spanish, French, Italian,
German and Greek
Just Listen 'n Learn Plus: Spanish, French,
and German
Practice & Improve Your . . . Spanish, French
and German
Practice & Improve Your . . . Spanish, French and
German PLUS
Japanese For Children
Basic French Conversation
Basic Spanish Conversation

Phrase Books
Just Enough Dutch
Just Enough French
Just Enough German
Just Enough Greek
Just Enough Italian
Just Enough Japanese
Just Enough Portuguese
Just Enough Scandinavian
Just Enough Serbo-Croat
Just Enough Spanish
Multilingual Phrase Book
International Traveler's Phrasebook

Language Game Books
Easy French Crossword Puzzles
Easy French Word Games and Puzzles
Easy Spanish Crossword Puzzles
Easy Spanish Word Games and Puzzles
Let's Learn About Series: Italy, France,
Germany, Spain, America
Let's Learn Coloring Books In Spanish,
French, German, Italian, And English

Humor in Five Languages
The Insult Dictionary: How to Give 'Em
Hell in 5 Nasty Languages
The Lover's Dictionary: How to Be
Amorous in 5 Delectable Languages

Technical Dictionaries
Complete Multilingual Dictionary of
Computer Terminology
Complete Multilingual Dictionary of
Aviation and Aeronautical Terminology
Complete Multilingual Dictionary of
Advertising, Marketing and Communications
Harrap's French and English
Business Dictionary
Harrap's French and English
Science Dictionary

Travel
Nagel's Encyclopedia Guides
World at Its Best Travel Series
Runaway Travel Guides
Mystery Reader's Walking Guide: London
Japan Today
Japan at Night
Discovering Cultural Japan
Bon Voyage!
Business Capitals of the World
Hiking and Walking Guide to Europe
Frequent Flyer's Award Book
Ethnic London
European Atlas
Health Guide for International Travelers
Passport's Travel Paks: Britain, Italy,
France, Germany, Spain
Passport's China Guides
On Your Own Series: Brazil, Israel
Spain Under the Sun Series: Barcelona, Toledo,
Seville and Marbella

Getting Started Books
Introductory language books for Spanish,
French, German and Italian.

For Beginners Series
Introductory language books for children
in Spanish, French, German and Italian.

PASSPORT BOOKS
a division of *NTC Publishing Group*
4255 West Touhy Avenue
Lincolnwood, Illinois 60646-1975